「読解力」
(Reading Literacy)
の育成

「探究」の基盤となる資質・能力

Takagi Nobuo
髙木展郎

三省堂

装丁・本文デザイン＝下野ツヨシ（tsuyoshi＊graphics）

はじめに

「読解力」（Reading literacy）は、すべての学びの基盤となる資質・能力です。国語の「読むこと」に関する資質・能力であるとする捉えもありますが、「読解力」（Reading Literacy）は、そうした国語の「読解」のみを対象としてはいないことに留意する必要があります。

OECD**(経済協力開発機構)**が2000年から実施をはじめた、学習到達度に関する調査、PISA（Programme for international Student Assessment）によって、「読解力」という言葉が注目されるようになりました。

PISAは、15歳の生徒が、読解力（Reading Literacy）、数学的リテラシー（Mathematical Literacy）、科学的リテラシー（Scientific Literacy）の三分野について、知識とスキルを使って、「実生活の場面で直面する課題にどの程度活用できるか」という現実の課題に立ち向かう能力を測定します。PISAで測りたい学力は「リテラシー」（Literacy）という用語を用いて読解力、数学的リテラシー、科学的リテラシーのそれぞれについて定義がされています。

リテラシーは、国語辞典では、次のように示されています。

◆三省堂現代新国語辞典（第七版　三省堂2024年）

　①読み書きの能力。識字能力。

　②ある分野についての知識や、情報を活用するための能力。「コンピューター－が高い・メディア－・ネット－・科学－」

また、英和辞典でLiteracyは、次のように示されています。

◆ウィズダム英和辞典（第4版　三省堂2019年）

　読み書きの能力：教養［教育］のあること（⇔illiteracy;⇒numeracy）；（ある分野の）知識、能力▶computer literacy コンピュータ運用能力

いずれも「読み書き能力」以外の能力について言及しています。

本書では、「読解力」（Reading Literacy）について、PISA調査の経緯を踏まえながら、時代が求める資質・能力としての「読解力」（Reading Literacy）について、定義や内容だけでなく、学校教育においてどのように育成するか、その具体についても考察しています。

「読解力」（Reading Literacy）の育成は、小学校、中学校、高等学校の学校教育のすべてで、それぞれの発達段階に合わせた資質・能力として育成することが求められます。「読解力」（Reading Literacy）は、学校教育における継続的な学びとして、しっかり時間を掛けて育成すべき資質・能力なのです。

今日の学校教育で育成が求められている「探究」の基盤となる資質・能力は、「読解力」（Reading Literacy）を育成する授業として行われる「聴いて 考えて つなげる」授業を通して培われます。「探究」の基盤となる資質・能力は、一人一人の個によって異なる資質・能力でもあります。その資質・能力を、一人一人の児童生徒について、如何に育成を図るかが日々の授業では問われます。それ故、「読解力」（Reading Literacy）を育成する授業は、一人一人の児童生徒の未来を創出するための資質・能力を育む営みであるとも言えましょう。

目次

第3章 ● 「読解力」(Reading Literacy)の本義 53

1 | 第一層の「読解力」 54

(1) 第一層の「読解力」とは 54

(2) 第一層の「読解力」をどのように育成するか 55

(3) 第一層の「読解力」とリーディングスキルテスト(RST) 58

(4) 第一層の「読解力」の習得の意味 59

2 | 第二層の「読解力」 60

(1) 第二層の「読解力」とは 60

(2) 第二層の「読解力」をどのように育成するか 63

(3) 情報化時代の「読解力」 64

①生成AI(Generative AI)と「読解力」

②生成AI(Generative AI)への対応

3 | 第三層の「読解力」 67

(1) 第三層の「読解力」とは 67

(2) デジタル読解力の導入 70

(3) 第三層の「読解力」をどのように育成するか 70

4 | 第四層の「読解力」 72

(1) 第四層の「読解力」とは 72

(2) 第四層の「読解力」の意味 74

(3) 第四層の「読解力」をどのように育成するか 76

5 | 「読解力」(Reading Literacy)の本義 78

第1章

日本の学校教育に必要な
発想の転換

1 | 学校教育の今日的な状況

　教育とは、未来に生きる子どもたちを慈しみ、育む営みです。成長に伴って必要とされる様々な資質・能力の育成は主として学校が担っていますが、それらはいわば未来を創るための営為と言ってよいでしょう。フィンランドでは「教育は未来への投資」とされています。

　18世紀後半から19世紀前半にかけての第一次産業革命では、蒸気機関が発明され産業界に取り入れられることにより、繊維業（軽工業）から製鉄・機械工業へと産業構造そのものが大きく変わりました。第二次産業革命では、化石燃料から高度な科学技術によって合成素材を生んだ重化学工業が発達しました。20世紀後半には、管理工学・コンピュータの活用による精密且つ大規模な開発が行われ、第三次産業革命が起こったと言われるようになりました。

　さらに、第四次産業革命とも言われる今日、IOT（Internet of Things）やAI（Artificial Intelligence）の発達等によってあらゆるものがインターネットと繋がり、情報交換することで相互に制御することが想定され、AIを搭載したコンピュータが自ら判断し動くシステムが確立できるようになり、製造業のさらなるデジタル化・コンピュータ化が進むとされています。

　このような産業構造、ひいては社会構造の変化に伴い、ものの見方や考え方、そこで求められる学力（資質・能力）観も大きく変わってきているのです。

　日本の近代の学校教育は、1872（明治5）年の学制によって始まりました。太政官布告学制「被仰出書」には、「邑に不学の戸なく家に不学の人なからしめんことを期す」と示され、フランスの学校制度を模して学校教育の導入が図られました。

　この時期、日本は西欧諸国の様々な制度を導入することにより近代化を図ろうとしています。教員養成機関としての師範学校も、1872（明治5）年9月に東京に設置され、翌年の1873年（明治6）年8月には、他の6大学区での官立の師範学校が設立されています。

　当時、学費の掛からない無償の学校としては、師範学校と、1874（明治7）年設立の陸軍士官学校、1876（明治9）年設立の海軍兵学校があり、それぞれで優秀な人材の取り合いをしていたのです。ちなみに、日本における徴兵制の導入は1873（明治6）年。学制の方が1年早く始まっており、明治政府が教育に対して重きを置いていたことが推測されます。

　学制が定着するのは、1900（明治33）年の第三次小学校令が出された時期からです。そして、1907（明治40）年、小学校が6年制の義務教育が制度として位置付き（それまでは4年制）、今日の学校制度の基が確立しました。

　ところが、この近代日本の学校制度は、明治、大正と経て、1945（昭和20）年のアジア・太平洋戦争の敗戦によって大きく転換することになります。改革・変更を余儀なくされたと言ってもよいでしょう。

　1872（明治5）年から1945（昭和20）年、この間73年です。

　アジア・太平洋戦争敗戦後の学制改革は、まず、1946（昭和21）年にアメリカ教育使節団報告書に基づいた教育課程改編が図られ、1947（昭和22）年に、教育三法「日本国憲法」「教育基本法」「学校教育法」が制定されました。また、この時期から学習指導要領（試案）が作成され、1958（昭和33）年の告示以降、2003（平成15）年の一部改訂を含め、2017（平成29）年告示まで8回の改訂が行われています。

　学制以降、アジア太平洋戦争の敗戦までの日本の学校教育では、学力の測定をペーパーテストの考査で行ってきました。戦後の日本の学校教育においても、高度経済成長の下、主にペーパーテストによっ

て測定が可能な知識の習得量と再生（の正確さ）とを学力としてきたのです。いわゆる「勉強ができること」とは、ペーパーテストで高得点をあげることでした。

また、昭和30年代から用いられた偏差値は、全国の同学年の児童生徒を対象として、ペーパーテストの点数を基に序列を付けることを可能としました。それにより、受験学力に基づく学校の序列化も行われるようになりました。

日本における戦前の学校教育も戦後の学校教育も、学校制度や進学のシステム・条件は異なるものの、ペーパーテストの点数を学力として測定し、獲得した点数を基に、進学先や進路を決める競争社会でした。それは、ある意味、公平性を担保するものでもあり、社会にも広く受け入れられ、日本を学歴社会として構築してきたと言ってもよいでしょう。

日本で、「学力」の定義や正解を求めるだけのペーパーテストを見直す大きな契機となったのは、OECDが2000（平成12）年から実施したPISA（Programme for International Student Assessment；国際的な学習到達度に関する調査）です。

PISAは、3年毎の経年で調査が行われており、その結果を見ることができます（図1-A）。

日本では、2018年実施のPISAのReading Literacyの結果が有意に低下し、参加国37カ国中11位であったことが、2019（令和元年）年12月に発表されました。

原因は、2015年のPISAの一部で行われたCBT（Computer Based Testing）による調査が、2018年調査では全面的に実施されるようになったことと無関係ではなく、日本の生徒がコンピュータ使用に慣れていなかったことによる影響は小さくないと考えられます。

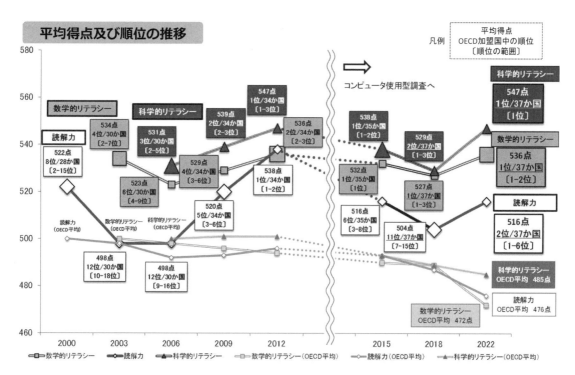

※各リテラシーが初めて中心分野（重点的に調査する分野）となった回（読解力は2000年、数学的リテラシーは2003年、科学的リテラシーは2006年）のOECD平均500点を基準値
　として、得点を換算。数学的リテラシー、科学的リテラシーは経年比較可能な調査回以降の結果を掲載。中心分野の年はマークを大きくしている。
※2015年調査はコンピュータ使用型調査への移行に伴い、尺度化・得点化の方法の変更等があったため、2012年と2015年の間には波線を表示している。
※順位の範囲とは、統計的に考えられる平均得点の上位及び下位の順位を示したもの。

図1-A　＜出典＞文部科学省・国立教育政策研究所「OECD 生徒の学習
到達度調査2022年調査（PISA2022）のポイント」令和5年12月5日

そこで、2019（令和元）年12月に文部科学大臣を本部長とする「GIGA[1]スクール実現推進本部」が立ち上がり、日本の学校教育にPCやタブレット端末の導入が図られました。2020（令和2）年の概算要求において、3年間の期間で義務教育段階の児童生徒の全てにコンピュータを一人一台持たせる予算案が計上されたのです。

　折しも、2020（令和2）年、COVID-19が世界規模で蔓延したことで、日本の学校教育においても、授業の方法を転換せざるを得ない状況が生まれました。そして、2020（令和2）年度の国の予算において年度内に義務教育の児童生徒に一人一台のPCやタブレット端末を配布することが決定しました。

　その結果、3年計画で導入する予定であったPCやタブレット端末が、短期間のうちに導入されることとなり、それまで対面で行われるのが当たり前であった学校の授業にも、オンラインによる授業が取り入れられるようになったのです。後述するように、こうした施策が、PISA2022調査における「読解力」の順位の回復という結果に結びついたとも言えるでしょう。（第2章を参照してください。）

　今、世界は、COVID-19による大きな社会状況の変化が生じています。日常生活においても、様々な価値観やものの見方・考え方についてのパラダイムシフトが起こっていると言えましょう。さらに、2022年11月には、生成型AI（Generative AI）としてのChatGTPが公開され、その使用について様々な議論が起きています。

　このような社会状況の急激な変化は、産業や経済はもちろん、社会の中にあるものの見方や考え方にも影響し、変化をもたらします。日本の学校教育がこれまでの制度の中にとどまったままであるならば、社会変化に対応した日本社会の未来を築くことは、たいへん難しくなるのではないでしょうか。

　2017（平成29）年告示の小学校学習指導要領、中学校学習指導要領、特別支援学校小学部・中学部指導要領、2018（平成30）年告示の高等学校学習指導要領、特別支援学校高等部学習指導要領から、これまでの学習指導要領では示されてこなかった「資質・能力」という用語が用いられるようになりました。学校教育においては、これまで育成してきた狭い意味の「学力」ではなく、学校を卒業した後も必要とされる「資質・能力」を育成することが、今日求められているからです。近代教育の始まりとともに、時代の中で教育に求められてきた「学力」は、斯様に変化しつつ今日に至っているのです。

　1947（昭和22）年に、教育三法「日本国憲法」「教育基本法」「学校教育法」が制定されて以降、学校教育は戦前から大きく転換し、昭和、平成、令和と少しずつ姿を変えながら継続されてきましたが、これまでの学校教育のパラダイムシフトを図る内容の学習指導要領が2017・2018（平成29・30）年に告示されました。

　1947（昭和22）年の教育三法の制定から、児童生徒に一人一台のPCやタブレット端末が配布された2020（令和2）年まで、この間73年です。

　学制からアジア・太平洋戦争の敗戦まで73年間。戦後教育も73年間。近現代の日本の学校教育は、約70年のスパンで大きく変わってきたことになります。2020（令和2）年には、2017・2018（平成29・30）年告示の学習指導要領の全面実施もスタートしました。約70年先に向けた日本の学校教育が、今、始まったのです。

---

[1] GIGA：Global and Innovation Gateway for All

＜参考資料１－１＞我が国の学校教育制度（初等中等教育）の変遷

(参考) 我が国の学校教育制度の歴史
(国立教育政策研究所2012年) など

1872

近代教育制度の創始
明治５年 学制公布

近代教育制度の確立
※各学校種別の規定を整備し我が国の学校制度の基礎が確立
明治18年 内閣制度創設、初代文部大臣森有礼就任
明治19年 小学校令、中学校令等制定、学校制度の基礎の確立
明治33年 小学校４年の義務制
明治40年 義務教育年限を６年に延長

教育制度の拡充
※第一次世界大戦に伴う社会情勢及び国民生活の変化に即応する教育の改革

国民学校と戦時下の教育
※皇国民の基礎的錬成を目的とし、教育内容を改革
昭和16年 国民学校令
昭和18年 中等学校令

戦後における教育の再建
※連合国軍最高司令部指令と教育刷新委員会の建議により、軍国主義や極端な国家主義を排除し、戦後教育改革の
枠組を形成。
昭和22年 日本国憲法施行 "「教育を受ける権利」を規定"
教育基本法、学校教育法制定
"「人格の完成」を目指す教育理念、教育の機会均等と男女平等、
単線型の学校制度、「６・３」制の無償義務教育"
学習指導要領（試案）発表

1945

戦後政策からの転換
※昭和27年のサンフランシスコ講和条約締結を受け、占領下の政策見直し
昭和31年 地方教育行政の組織及び運営に関する法律を制定

教育の量的拡大・質の改善
※高度経済成長に伴う経済・社会の急速な拡大、ベビーブーム世代への対応、教育の量的拡大を推進
昭和33年 義務標準法、昭和36年 高校標準法
昭和33年～35年 学習指導要領改訂（文部省告示として公示）
昭和36年 高等専門学校制度を創設（学校教育法改正）
昭和38年 教科書無償措置法

教育の方針を見直し
※科学技術の進歩と経済の発展、産業構造の変化、情報化社会、高齢化社会の進展等社会の変化への対応
昭和43・44年 学習指導要領改訂
昭和46年 中央教育審議会答申（「四六答申」）"人間の発達過程に応じた学校体系の開発"
昭和52・53年 学習指導要領改訂
昭和59年 臨時教育審議会設置
"個性重視の原則、生涯学習体系への移行、変化への対応"
平成元年 学習指導要領改訂

教育基本法の改正と新たな展開
※知識基盤社会、グローバル化といった変化の激しい社会の中で「生きる力」を育む
平成８年 中央教育審議会答申「21世紀を展望した我が国の教育の在り方について」
平成９年 OECD "キーコンピテンシー"の提唱（DeSeCo）、PISA調査開発開始
平成10年 学習指導要領改訂
平成11年 中高一貫教育制度を導入（学校教育法改正）
平成18年 教育基本法改正 "今日重要と考えられる事柄を「教育の目標」として規定"
認定子ども園制度を創設（就学前の子どもに関する教育、保育等の総合的な提供の推進に関する法律」制定）
平成19年 学校教育法改正 "各学校種の目標及び目的の見直し、学力の三要素の規定"
特別支援学校制度化（学校教育法改正）
平成20・21年 学習指導要領改訂

2015

平成26年 (2014) 11月 「初等中等教育の教育課程の基準等の在り方について」（諮問）

＜出典＞ 中央教育審議会「幼稚園、小学校、中学校、高等学校及び特別支援学校の学習指導要領等の
改善及び必要な方策等について（答申）」（平成28年12月21日）補足資料（1/8）pp.18-19

＜参考資料１−２＞学習指導要領の変遷 ＊巻末に、「平成29～30年改訂」までを含む資料を別途掲載してあります。

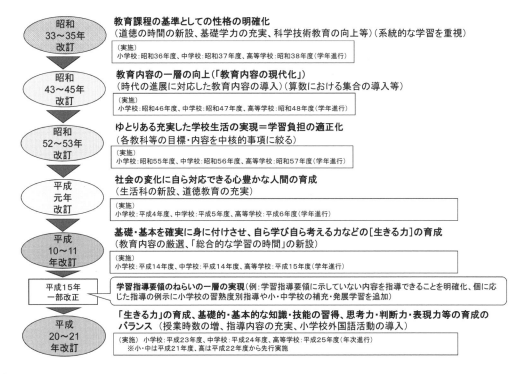

昭和33～35年改訂	**教育課程の基準としての性格の明確化**（道徳の時間の新設、基礎学力の充実、科学技術教育の向上等）（系統的な学習を重視） （実施） 小学校：昭和36年度、中学校：昭和37年度、高等学校：昭和38年度（学年進行）
昭和43～45年改訂	**教育内容の一層の向上（「教育内容の現代化」）**（時代の進展に対応した教育内容の導入）（算数における集合の導入等） （実施） 小学校：昭和46年度、中学校：昭和47年度、高等学校：昭和48年度（学年進行）
昭和52～53年改訂	**ゆとりある充実した学校生活の実現＝学習負担の適正化**（各教科等の目標・内容を中核的事項に絞る） （実施） 小学校：昭和55年度、中学校：昭和56年度、高等学校：昭和57年度（学年進行）
平成元年改訂	**社会の変化に自ら対応できる心豊かな人間の育成**（生活科の新設、道徳教育の充実） （実施） 小学校：平成4年度、中学校：平成5年度、高等学校：平成6年度（学年進行）
平成10～11年改訂	**基礎・基本を確実に身に付けさせ、自ら学び自ら考える力などの[生きる力]の育成**（教育内容の厳選、「総合的な学習の時間」の新設） （実施） 小学校：平成14年度、中学校：平成14年度、高等学校：平成15年度（学年進行）
平成15年一部改正	**学習指導要領のねらいの一層の実現**（例：学習指導要領に示していない内容を指導できることを明確化、個に応じた指導の例示に小学校の習熟度別指導や小・中学校の補充・発展学習を追加）
平成20～21年改訂	**「生きる力」の育成、基礎的・基本的な知識・技能の習得、思考力・判断力・表現力等の育成のバランス**（授業時数の増、指導内容の充実、小学校外国語活動の導入） （実施）小学校：平成23年度、中学校：平成24年度、高等学校：平成25年度（年次進行） ※小・中は平成21年度、高は平成22年度から先行実施

＜出典＞ 中央教育審議会「幼稚園、小学校、中学校、高等学校及び特別支援学校の学習指導要領等の改善及び必要な方策等について（答申）」（平成28年12月21日）補足資料（1/8）p.20

2 学校教育の転換に求められるもの

　経済財政諮問会議専門調査会「選択する未来」委員会は、2016（平成27）年12月に発行された『選択する未来−人口推計から見えてくる未来像− −「選択する未来」委員会報告　解説・資料集−』の中で、世界の中の日本経済の位置付けについて、次のように指摘し予測していました。

　　世界経済における日本のプレゼンスは弱まりつつある。世界のGDPに占める日本の割合の推移をみると、1980年に9.8％だったものが、1995年には17.6％まで高まった後、2010年には8.5％になり、ほぼ30年前の位置付けに戻っている。現在のまま推移した場合には、国際機関の予測によれば、2020年には5.3％、2040年には3.8％、2060年には3.2％まで低下する。

　世界のGDPに占める日本の割合の現実は、2023年12月の内閣府発表と各社報道によると、2022年は4兆2601億ドル（名目ＧＤＰのドル換算額）で、4.2％（1位米国、2位中国に次ぐ3位）となっています。これは、前年を0.9ポイント下回っており、統計が比較可能な1980年以降で最も低いそうです。また、国際通貨基金（IMF）は、2023年の日本の名目GDPがドイツに抜かれて4位となるとの見通しを示しています。

　アジア・太平洋戦争敗戦後の日本は、1964年の東京オリンピックを契機として1973年のオイルショックまでの高度経済成長、さらにその後も経済的な発展をしてきましたが、2008年9月のリーマンショック以降、日本の経済力は低迷していると言えましょう。

　原因の一端は、アジア・太平洋戦争の敗戦後約80年間、あまり変化することのなかった日本の学校教育にもあるのではないでしょうか。

　戦後、日本は高度経済成長を遂げ、豊かになりました。そこでの教育は、生まれや育ちには関係なくペーパーテストで高い得点をとることができれば、いわゆる「いい高校、いい大学」に進学することができるという公平性・平等性を担保していました。この時期の学校教育の斬新な側面については、高く評価することができます。しかし、戦後約80年間が経過した今日、教育そのものが硬直化してはいないでしょうか。大学進学を頂点とした、ペーパーテストによる知識や技能の習得量と再生の正確性のみを学力とする学校教育からの転換が求められる時代となって来ているのです。この変化の兆しは、2020（令和2）年度から実施されている総合型選抜の大学入試改革にも認めることができます。

　OECDは、2018年から世界各国の教育や雇用を通じた所得格差や階層社会の変化の確率を「社会エレベーター」という指標を基に分析しています。それに関する新聞記事に、次のような記述がありました（日本経済新聞「成長の未来図4　動くか『社会エレベーター』」2022年1月5日）。

　　　日本の問題は平等主義がもたらす弊害だ。突出した能力を持つ人材を育てる機運に乏しく、一方で落ちこぼれる人たちを底上げする支援策も十分でない。自分が成長し暮らしが好転する希望が持てなければ格差を乗り越える意欲はしぼむ。（中略）
　　　世界は人材の大競争時代に入った。支援が必要な人たちを救って全体を底上げしながら、横並びを脱して新しい産業をけん引するトップ人材も増やす。一人ひとりの能力を最大限に生かす仕組みをどうつくり上げるか。さびついた社会エレベーターを動かす一歩がそこから始まる。

　日本の学校教育は、日本の経済的な発展を人材の育成という面から支えてきました。戦後の約80年間、学校教育に求められてきたのは、ペーパーテストによって測定が可能な知識の習得量と再生の正確性という、いわゆるコンテンツ・ベース（Content base）の「学力」を有する上質で均質な労働者の育成でした。

　しかし、今日、経済界は、人材育成を図るためには日本の平等主義の教育を改める必要があるとし、学校制度をこれまでの履修制から修得制[2]へ転換することを求めています。経済産業省も、いわゆる飛び級も含め、学校教育を「個別最適化[3]」することを提案しています。

　コンテンツ・ベースの学力育成の成果は、一人一人の生徒を主語とするのではなく、大学への進学実績等に象徴されるように、高校ごとの進学・進路を大学合格者数の総体として取り上げられてきたことにも見て取れます。その典型は、週刊誌等が大学合格者数等に関する高校別の順位（ランキング）をこぞって掲載していることにも認められます。このようなランキングを基にした進学・進路指導は、高等学校受験や中学校受験でも行われています。戦後の日本の学校教育は、ペーパーテストで獲得した点数による序列化が、戦前にも同様のことはあったものの、より強まった制度として定着してしまったよう

---

[2] 履修制：入学して所定の教育課程を履修していれば、成績の如何に関わらず年齢で進級や卒業を認める制度。
　修得制：入学して一定の成績を修めれば、年齢に関わらず進級や卒業を認める制度。
[3] 経済産業省は、「子ども達一人ひとりの個性や特徴、そして興味関心や学習の到達度も異なることを前提にして、各自にとって最適で自立的な学習機会を提供していくこと」と「個別最適化」を定義しています（「『未来の教室』ビジョン」2019年6月pp.2-3）。

に思われます。そして、この制度に関する信奉は、今日、依然として続いていると言えるのではないでしょうか。

　知識の習得量と再生の正確性というコンテンツ・ベースのみを学力とした斯様な教育のあり方に疑問が呈されるようになった契機は、OECDが2000年から行っているPISAによって示された調査の内容だったとも言えましょう。

　調査は、Reading、Mathematics、ScienceのそれぞれのLiteracyについて、3年毎に15歳の生徒を対象に行われ、現在も継続中です。ただし、2021年調査は、COVID-19の影響により行われず、2022年に延期実施され、その結果が、2023（令和5）年12月5日に発表されました。

　PISA2000年調査のReading Literacyの結果においては、日本の生徒たちは、記号式の解答の正答率は高いが、記述式の解答については無答率が高く、さらに、2003年調査、2006年調査においてもその傾向が継続していました。そこで、文部科学省は、2007年から全国学力学習状況調査を開始し、A問題では基本的な知識・技能に関する問題、B問題では記述式の解答を求める問題を作成しました。B問題は、PISAのReading Literacyを意識したものとなっています。（ただし、2019年調査以降、調査の対象教科が増えたために、A問題とB問題とを分けずに統一した書式となっています。内容的には、それ以前のB問題として出題されていた記述式の解答を求める問題も出題されています。）

　ところで、このPISAの「読解力」はどのようなものであると捉えればよいのでしょうか。

　PISA調査は、2000年に最初の本調査を実施し、以後3年ごとのサイクルで調査が実施されています（2021年調査は、COVID-19の影響で2022年に延期）。先述のとおり、Reading、Mathematics、Scienceの3分野のLiteracyについて調査している訳ですが、2000年の時点では、現在「読解力」と呼ばれているReading literacyが、「読解リテラシー（読解力）」と表記されていたことが注目されます。

　筆者は、PISAにおけるReading Literacyを「読解力」と訳してしまったことに、Reading Literacyという概念が正確に理解されず、「文章を読んで、その意味を理解すること」であると受け止められてしまうことになった原因があるように思います。Reading Literacyは、これまで私たちが「読解力」という言葉で捉えてきたもの、例えば国語の授業で言われるような「読解力」とは、意味が大きく異なっていることに留意する必要があります。

　PISA2018年調査、2022年調査では、Reading Literacyを「自らの目標を達成し、自らの知識と可能性を発達させ、社会に参加するために、テキストを理解し、利用し、評価し、熟考し、これに取り組むこと」と定義しています。その内容は、次のとおりです。

① **情報を探し出す**
　　−テキスト中の情報にアクセスし、取り出す
　　−関連するテキストを探索し、選び出す
② **理解する**
　　−字句の意味を理解する
　　−統合し、推論を創出する
③ **評価し、熟考する**
　　−質と信ぴょう性を評価する
　　−内容と形式について熟考する
　　−矛盾を見つけて対処する

国語の授業で言われる「読解力」とPISAのReading Litracyとは、その対象と内容を異にしていることに留意しなければなりません。そこで、PISAのReading LiteracyをPISA型「読解力」[4]と表記することもあります。

OECDは、2015年からEducation 2030というプロジェクトを進め、2030年という近未来において子どもたちに求められるコンピテンシーを検討しました。そこでは、コンピテンシーの育成につながるカリキュラムや教授法、学習評価などについて検討し、その枠組みを「Education2030 Learning Framework」として示しました。その中心となるのが、これからの社会で必要な資質・能力としてのWell-being（個人的・社会的により良く幸せに生きること）です。Well-beingでは、「自ら主体的に目標を設定し、振り返りながら、責任ある行動がとれる力を身に付けることの重要性」を追究しています。

さらに、Education2030プロジェクトでは、2019年に「Learning Compass 2030」(学びの羅針盤)を示しました（図1-B）。「Learning Compass 2030」は、Student agency（変革を起こすために目標を設定し、振り返りながら責任ある行動をとる能力）を他人や社会のwell-being：私たちの望む未来（Future We Want）に導く(方向を示した)ものです。

「Learning Compass 2030」には、2030年を目途に実現を図るべき、教育の構造が示されています。Learning compass（方位磁石）には、Well-beingの実現を図るための構成要素として、Core foundations（学びの中核的な基盤）には、CompetenciesとespeciallyKnowledge（知識）・Values（価値観）・Skills（学習によって培われる高度の能力）・Attitudes（態度）の四項目が学びの中心に示されています。

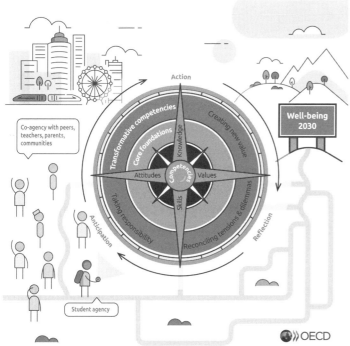

Core foundations（学びの中核的な基盤）

Competencies
  Knowledge（知識）
  Values（価値観）
  Skills（認知的スキル、社会情動的スキル等）
  Attitudes（態度）

Transformative competencies
（変革をもたらすコンピテンシー）
  Creating new value（新しい価値の創造）
  Reconciling tensions & dilemmas
  （緊張とジレンマの調和）
  Taking responsibility（責任ある行動）

Anticipation → Action → Reflection
（見通し・期待）→（行動）→（振り返り・省察）

Co-agency with peers,teachers,parents,communities
（仲間、教師、保護者、コミュニティとの協力関係）

Student agency
（変革を起こすために目標を設定し、振り返りながら責任ある行動をとる能力）

図1-B〈出典〉ラーニングコンパス2030の概要（日本語訳は、髙木）
https://www.oecd.org/education/2030-project/teaching-and-learning/
learning/learning-compass-2030/in_brief_Learning_Compass.pdf

[4] PISA型「読解力」に関しては、田中孝一［監修］西辻正副・冨山哲也［編］『中学校・高等学校　PISA「読解力」－考え方と実践－』（明治書院2007年）を参照してください。

さらに、Trans formative competencies（変革をもたらすコンピテンシー）として

・Creating new value（新しい価値の創造）

・Reconciling tensions & dilemmas（緊張とジレンマの調和）

・Taking responsibility（責任ある行動）

があります。さらに、その周りには、Anticipation（見通し・期待)→Action（行動）→Reflection（振り返り・省察）が、学びの過程として循環することも示されています。

　第一次資源の少ない日本が、世界の中で生きていくためには、これまでの学校教育で主として行われてきたコンテンツ・ベースの資質・能力の育成のみではなく、コンピテンシー・ベース（Competency base）の資質・能力の育成を図らなくては、他国にはできない日本固有の価値を創出することはできません。

　2017・2018（平成29・30）年告示の学習指導要領では、Well-beingの実現を図ることも、その構成要素として組み込まれており、これまでにない構成（図1-C）をしています。

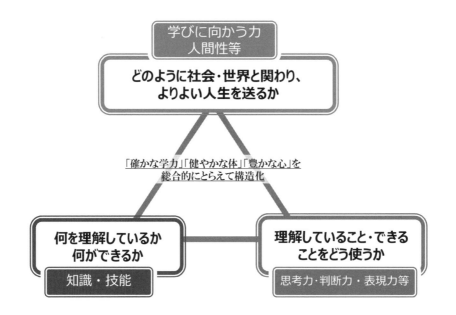

図1-C　＜出典＞中央教育審議会「平成28年答申」補足資料（1/8）p.7

　OECDがWell-beingとして示した内容は、2017・2018（平成29・30）年告示の「学習指導要領が育成を目指す資質・能力の三つの柱」の頂点にある「学びに向かう力　人間性等；どのように社会・世界と関わり、よりよい人生を送るか」と、育成すべき資質・能力が同じ内容の方向性（ベクトル）を示しています。

　図1-Cに示されている資質・能力の三つの柱は、コンテンツ・ベースの資質・能力としての「知識・技能；何を理解しているか　何ができるか」と、コンピテンシー・ベースの資質・能力としての「思考力・判断力・表現力等；理解していること・できることをどう使うか」を統合し、日本の学校教育を通して育成する資質・能力として位置付けています。

　先にも述べましたが、アジア・太平洋戦争敗戦後の日本の学校教育では、大学入学試験を頂点としたコンテンツ・ベースの学力の育成を、主として図ってきました。しかし、知識・技能の習得量と再生の

正確性を学力とすることが求められた時代は、既に過去のものとなりつつあります。今は、社会基盤の変化・ICTの発達による情報環境の変化によって、例えば覚えていないようなことでも、調べることができれば事足りる時代になってきているのです。

　学校教育では、「知識・技能」としてのコンテンツ・ベースの資質・能力と、「思考力・判断力・表現力等」のコンピテンシー・ベースの資質・能力を両輪として、相補的かつ統合的に育成を図ることが重要となりました。コンピテンシー・ベースの資質・能力とコンピテンシー・ベースの資質・能力。その双方の育成を図らなければ、実社会・実生活において必要な資質・能力を育むことにはならないのです。

　Well-beingや「学びに向かう力　人間性等」は、これからの時代に世界が求める資質・能力であり、それを日本の学校教育において一人一人の児童生徒にStudent agencyの資質・能力として育成することが、今、求められているのです。

3 ｜ 学校教育で育成すべき具体の資質·能力

　今日、学校教育を大きく転換しなければ、これからの日本の未来はないとも言えましょう。

　次代に求める資質・能力は、以下の5つが重要となります。

・既有の知識・技能を基に、新たな価値を創造する。

・個を尊重しつつも、他とのコミュニケーションを図る。

・自己相対化を図り、自己認識を通した自己修正を図る。

・歴史認識を通して、未来への展望を計る。

・共生社会に向けて、主体として取り組む。

　上記の資質・能力は、コンテンツ・ベースの資質・能力とコンピテンシー・ベースの資質・能力を両輪として相補的かつ統合的に、学校教育における集団と個との関係性の中でStudent agencyとして育成することが求められています。

　経済産業省が学校教育に「個別最適化」を求めているのに対し、文科省からは2017・2018（平成29・30）年告示の学習指導要領の実現に向けた具体的な考え方が、中央教育審議会「令和の日本型学校教育の構築を目指して ～全ての子供たちの可能性を引き出す、個別最適な学びと、協働的な学びの実現～（答申）」（令和3年1月26日、以下「令和3年答申」）として示されました。時代が変化する中で、教育に対する考え方が変わりつつある内容が示されています。

　令和3年答申では、これまでの戦後の教育を、次のように捉えています（p.8）。

○我が国の教師は、子供たちの主体的な学びや、学級やグループの中での協働的な学びを展開することによって、自立した個人の育成に尽力してきた。その一方で、我が国の経済発展を支えるために、「みんなと同じことができる」「言われたことを言われたとおりにできる」上質で均質な労働者の育成が高度経済成長期までの社会の要請として学校教育に求められてきた中で、「正解（知識）の暗記」の比重が大きくなり、「自ら課題を見つけ、それを解決する力」を育成するため、他者と協働し、自ら考え抜く学びが十分なされていないのではないかという指摘もある。

教育は、時代における「不易流行」の中に存在します。元は松尾芭蕉が示した俳諧の理念である「不易流行」とは「いつまでも変化しない本質的なものを忘れない中にも、新しく変化を重ねているものをも取り入れていくこと。また、新味を求めて変化を重ねていく流行性こそが不易の本質であること」（三省堂『新明解四字熟語辞典』）、すなわち、変化の重要性を指摘した言葉だと思います。現状に埋没し、次代に生きる子どもたちに対して時代が求める資質・能力の育成を図ることをしなければ、決して未来を創出することはできないでしょう。

　これからの時代が求める教育について、令和3年答申では、次のように示しています（p.3）。

> 　急激に変化する時代の中で、我が国の学校教育には、一人一人の児童生徒が、自分のよさや可能性を認識するとともに、あらゆる他者を価値のある存在として尊重し、多様な人々と協働しながら様々な社会的変化を乗り越え、豊かな人生を切り拓き、持続可能な社会の創り手となることができるよう、その資質・能力を育成することが求められている。

　さらに、文部科学省は、経済産業省の「個別最適化」とは異なる、児童生徒の一人一人の個を重視した「個別最適な学び」を行うことを求めています。「個別最適な学び」は、令和3年答申では、以下のように定義しています（p.18）。

> 　「指導の個別化」と「学習の個性化」を教師視点から整理した概念が「個に応じた指導」であり、この「個に応じた指導」を学習者視点から整理した概念が「個別最適な学び」である。

　また、「個別最適な学び」を学校教育で行うための方向性を、次のように示しています（p.18）。

> ○さらに、「個別最適な学び」が「孤立した学び」に陥らないよう、これまでも「日本型学校教育」において重視されてきた、探究的な学習や体験活動などを通じ、子供同士で、あるいは地域の方々をはじめ多様な他者と協働しながら、あらゆる他者を価値のある存在として尊重し、様々な社会的な変化を乗り越え、持続可能な社会の創り手となることができるよう、必要な資質・能力を育成する「協働的な学び」を充実することも重要である。

　コンテンツ・ベースの資質・能力を中心とした授業が多く行われてきた日本の学校教育において、今日求められているのは、コンテンツ・ベースの資質・能力を重視しつつも、同時にコンピテンシー・ベースの資質・能力の育成を相補的かつ統合的に図ることです。これまでの日本の学校教育は、それぞれの時代に適合した教育が行われてきました。そのことを否定しているのではありません。次代が求める資質・能力の育成を図ることが求められており、そのためには、今、学校教育の転換を図ることが必要なのです。

　「知識・技能」を習得し習熟するには、個としての学びが重要となります。個としての学びを敷衍し普遍化するためには、他者との関わりの中で自己を相対化し、自己をしっかりと認識することが必要となります。

　一人一人の児童生徒が個として自分の考えを形成するには、教師の指導も重要です。一方的な教師の指導を行うのではなく、また、学習を児童生徒に任せてしまうことなく、児童生徒の視点に立ち「児童生徒が主語」となる教師の指導が求められるようになってきました。そこで、教師が児童生徒に対して、

知識・技能の伝達を行ってきた「教師が主語」としての授業からの転換が必要な時代を迎えているのです。

そのために、学校としてのカリキュラム・マネジメント[5]が重要となることを、令和3年答申では、以下のように指摘しています（p.18）。

> ○これからの学校においては、子供が「個別最適な学び」を進められるよう、教師が専門職としての知見を活用し、子供の実態に応じて、学習内容の確実な定着を図る観点や、その理解を深め、広げる学習を充実させる観点から、カリキュラム・マネジメントの充実・強化を図るとともに、これまで以上に子供の成長やつまずき、悩みなどの理解に努め、個々の興味・関心・意欲等を踏まえてきめ細かく指導・支援することや、子供が自らの学習の状況を把握し、主体的に学習を調整することができるよう促していくことが求められる。

上記で述べられている授業パラダイムの転換は、戦後日本の学校教育を否定することではありません。時代状況が変わり、求められる学力（資質・能力）も変わってきているなか、これまでの授業のあり方では、次代に向けた資質・能力の育成に学校教育が機能しなくなっていることが指摘されているとも言えましょう。

学習主体としての児童生徒一人一人の個性が生きる学校教育への転換が図られようとしているのです。それは、多様性（diversity）やインクルーシブ（inclusive）という概念が、学校教育や授業に求められているからでもあります。

授業はこれまで、教室における集団の中で行われることが一般的でした。集団での学びでは、その機能そのものが、学習者に対し同化を求める側面があることは否めません。そこから、一人一人の異化をも認め、それを個性として認めようとする学びへの転換を図ろうとしているのです。授業の主語を児童生徒においたとき、一人一人の個の違いを如何に認めるかが、授業の重要な課題となってきたのです。ここに、一人一人の児童生徒の主体としてのStudent agencyが問われている理由があります。

「個別最適な学び」を通して、自己のものの見方や考え方を確立した後、他者との相対化を図るためには、教室での他者とに違いに学び手としての児童生徒一人一人が気付き、その違いを認識することが重要となります。これからの日本の学校教育では、「個別最適な学び」と併せて「協働的な学び」が問われるのです。「協働的な学び」について、令和3年答申に以下の指摘があります（p.18）。

> ○「協働的な学び」においては、集団の中で個が埋没してしまうことがないよう、「主体的・対話的で深い学び」の実現に向けた授業改善につなげ、子供一人一人のよい点や可能性を生かすことで、異なる考え方が組み合わさり、よりよい学びを生み出していくようにすることが大切である。「協働的な学び」において、同じ空間で時間を共にすることで、お互いの感性や考え方等に触れ刺激し合うことの重要性について改めて認識する必要がある。

教室における学びの中で、これまでは、個が集団の中で埋没してしまうことがありました。一人一人の児童生徒の個の良さを認め、それをさらに伸ばすためには、集団の中で一人一人の個の多様性を認めることが重要となります。授業を通して一つの解に収束させるのではなく、多面的・多角的な考え方を

---

5 カリキュラム・マネジメントについては、拙著『評価が変わる、授業を変える』（三省堂 2019 年、pp.103-188）を参照して下さい。

教室の中で共有し、その違いを認めることが重要となります。正解到達のためだけの授業では、児童生徒一人一人が主体として自分のものの見方や考え方を教室の中で述べ合うことは難しいと考えます。個としての存在の保証があってこそ、自己のものの見方や考え方を発出することができるのです。

　日本の学校教育は、いわゆる勉強が得意な児童生徒のみを対象としているわけではありません。授業において、学習内容の理解度の早さや深さのみを対象とし、それを修得することができたか否かのみを見ているというのでは十分とは言えません。理解度が遅かったり浅かったりする児童生徒もいて、学校という学びの中で協働して学ぶことにより、それぞれの違いや良さに気付くことも同様に大切です。そこには、多様性（diversity）やインクルーシブ（inclusive）な教育としての意味があります。

　OECDが「Learning Compass 2030」（図1-B）でWell-beingの実現を図るためのTrans formative competencies（変革をもたらすコンピテンシー）として示しているCreating new value（新しい価値の創造）、Reconciling tensions & dilemmas（緊張とジレンマの調和）、Taking responsibility（責任ある行動）は、各教科等の学習にとどまらず、これからの学校教育において育成を目指す、汎用的な資質・能力[6]の育成に深く関わるとも言えましょう。

　汎用的な資質・能力は、教科内容の一定の学力の育成を図ることのみを対象化した授業では、育成することが難しいと考えます。なぜなら、多様性を有する様々な児童生徒が、学級の中での各教科等における学習の過程を通して関わり合う中でこそ、汎用的な資質・能力は育まれ、機能するようになるからです。

　多様性やインクルーシブな教育を行うには、一人一人を対象とした個に切り離した授業ではなく、資質・能力が様々に異なる児童生徒がお互いに関わり合って学ぶことが望ましく、またそうすることで、汎用的な資質・能力を育成することが可能となると考えます。そのような学びを通して育成される資質・能力は、授業の対象として明示された目標だけではなく、目標以外の多様な資質・能力も含まれることにもなります。

　2017・2018（令和29・30）年告示の学習指導要領でも重視されているインクルーシブな考え方の形成を図るには、多様な教育環境が重要となります。資質・能力の同質性を求めることは、教室における様々なものの見方や考え方を、一元化する危険性を有しています。

　技術革新が進み、Society5.0[7]の時代に向け、学習指導要領の改訂に伴って、教育改革を行うに際し、これまでの日本の学校教育で育成を図ってきた資質・能力のパラダイムシフトを図らなければならない状況が生まれているのです。

　昨今のCOVID-19による社会状況の変化には、今後、様々な教育問題を包摂しつつ、例えば、オンライン教育等によって、教育そのものを大きく転換する兆しが認められます。それ故、次代の教育に求められる資質・能力の方向性を、今考えていかなくてはならならないのです。そこでは、これまで近代教育が求めてきた教育内容や、戦後の日本の教育で行われてきた受験のための教育というような側面のみで教育を語ることには、意味がなくなりつつあると考えられます。

　教育における成果は、量的に測定が可能なものと、質的に測定が難しいものとがあります。近年、エビデンスを基に成果を求めることがありますが、すべてをそれだけで包括することはできません。一人一人の個の成長を教育に求めるのならば、それは、一つの成果ではなく、多様性と多義性が含まれたものになるからです。

　これからの学校教育で求められるのは、近代教育としての知識や技能の修得と習熟のみに焦点化し、経済中心となっている現代社会に直接的に機能する教育ではなく、一人一人の個として如何に生きるかという哲学を対象とした内容に機能する教育なのかもしれません。

すべてに秀でていたり、優れていたりする人間はいません。そこに、一人一人の児童生徒の個性が存在するのです。

大人になったときに様々な状況に対応できる資質・能力を、学校教育での様々な学びを通して、一人一人の児童生徒が個別的・個性的、且つ、多面的・多角的に身につける。これからの時代に求められる資質・能力を学校教育で育成するには、学校教育が、こうした役割を担い、果たすことが求められているのではないでしょうか。

児童生徒の多様性を認め個性を生かし、それぞれの得意な分野において、その資質・能力を生かすことが重要となります。そこに学校での学びが生きてくるのです。さらに、そのそれぞれの得意分野を総体として協働することにより、多面的・多角的な資質・能力が生かされ、それが成果に結びつくことになると考えます。

文部科学省は、子どもの視点に立った望ましい指導・支援の在り方を検討する必要があるとして、「特定分野に特異な才能のある児童生徒に対する学校における指導・支援の在り方等に関する有識者会議」を2021（令和3）年に立ち上げました。同会議では、ギフテッド（Gifted：才能のある）という用語には、突出した才能に限定して用いられる場合や、特異な才能と学習困難を併せ有する児童生徒に限定して用いられる場合などがあるため、「特異な才能のある児童生徒」を指す言葉としてはギフテッドという用語を使用しない方向で議論が進められています。なお、文部科学省は2023年度予算案で、そのような児童生徒に対する指導・支援のために8000万円を計上しました。このことにも、多様性を認める社会への変化が認められます。

未来を見通すことの難しい現代において、日本は世界の中でどのように存在していくのか。未だ経験したことのない新たな課題に対峙することが、当たり前とされてきた様々な価値を再構築し、時代が求める様々な価値の先取りを行うことのできる資質・能力には求められるのではないでしょうか。今日の日本の学校教育が担おうとしていることも、そこにあります。

このように不確実で予測不可能な近未来に生きる児童生徒に対し、多面的・多角的な価値を認めるということを抜きにして、これからの時代が求める資質・能力の育成を図ることは、不可能だと言えましょう。それぞれの個にあった資質・能力の育成を図るため、得手・不得手を超えて様々な学びを、学び手自身が体験したり経験したりすることを通して、一人一人異なりのあるStudent agencyの育成を図ることが重要であり、学校教育に求められているのです。

6「汎用的な資質・能力」については、「第4章　1. 汎用的な資質・能力としての「読解力」（Reading Literacy）」を参照してください。

7サイバー空間（仮想空間）とフィジカル空間（現実空間）を高度に融合させたシステムにより、経済発展と社会的課題の解決を両立する、人間中心の社会。狩猟社会（Society 1.0）、農耕社会（Society 2.0）、工業社会（Society 3.0）、情報社会（Society 4.0）に続く、新たな社会を指すもので、第5期科学技術基本計画において、日本が目指すべき未来社会の姿として初めて提唱されました。（内閣府ホームページによる）

4 学校という機能

　社会は、学校教育において資質・能力が高いと言われている者のみで構成されてはいません。一人一人の様々な個が、それぞれの立場から関わり合いながら社会は形成されているのです。そこにおける個には、どのような者が優れているか、また、何ができたら優れているか、ということの答え、唯一の解といったものは無いと考えます。また、時代時代によって求められる資質・能力も異なります。

　日本の学校では、教育の機会均等を保障するため、教育課程としての学習指導要領を規準として、様々な教科等を学ぶシステムになっています。児童生徒は、この教育課程に沿って、得意とする科目だけでなく不得意とする科目も学んでいます。当初、不得意であっても、学ぶ過程の中で得意科目に変わる場合もあるし、その逆の場合もあります。そこでは、結果としての学びだけはなく、学びの過程そのものも、学校教育の対象となっているのです。

　学校には、様々な資質・能力を有する児童生徒が、日々の授業や学校生活を通して他者と関わりながら、自分自身をより高次に向けて学ぶ場としての役割もあります。したがって、そこでの学びは、集団で学びつつも個に回帰します。

　このような多様な資質・能力を有する児童生徒によって構成されれている学校や学級には、すべてにおいて優れている児童生徒は、ほとんど存在しないと言えるでしょう。人にはそれぞれ得手不得手があり、「できる子」が「できない子」の痛みを知って教えてあげる、「できない子」が「できる子」にあこがれて頑張る、というような共生の経験は、社会に出ても、人との関わり方として役立つのではないでしょうか。

　学校で修得した資質・能力は、人としての資質・能力のごく一部です。資質・能力は、生涯にわたって成長し続けるものでもあります。児童生徒の成長期にある学校において、資質・能力をある一つのスケールによって決めつけることは、一人一人の個としての児童生徒の未来を奪い、閉ざすことになりかねません。

　学校は、より良き未来を創る場であることに思いをいたし、その機能を改めて確認したいと思います。

第2章

PISAが提起した「読解力」

1 「読解力」とReading Literacy

　PISA調査は、2000年に最初の本調査が実施されました。Reading Literacy、Mathematical Literacy、Scientific Literacyの3分野の調査が行われ、この時点での日本語訳は、読解リテラシー（読解力）、数学的リテラシー、科学的リテラシーとされました。Reading Literacyを「読解リテラシー（読解力）」と表記していたことが注目されます。

　ところが、2003年のPISA調査以降、この調査が測定するものをより広範な人々に分かりやすく伝えるという観点から、Reading Literacyの日本語訳は「読解力」に変更されています。Reading Literacyが、「読解力」として日本の学校教育で大きく取り上げられるようになったのも2003年以降のPISAからです。ただし、Reading Literacyで定義されている内容と、日本語でそれまで理解されてきた「読解力」の内容とは、異なりがあります。重なる部分が皆無という訳ではありませんが、概念としては、日本語の「読解力」より広い内容をReading Literacyは対象としています。よって、これまで「読解力」と理解してきた概念とは異なる意味がそこに加わっていることに留意する必要があります。PISAのReading LiteracyをPISA型「読解力」と呼んで区別する場合があるのもそのためです。

　なお、国立教育政策研究所のウェブサイト（nier.go.jp）内の「OECD生徒の学習到達度調査(PISA)」では、現在もReading Literacyを「読解リテラシー」と表記しています。

　日本の学校教育において「読解力」という用語が取り上げられたのは、1956（昭和31）年改訂の高等学校学習指導要領国語の目標でした。そこでは、「読解力」を以下のように示しています（太字下線は引用者）。

> 　高等学校の国語科は、高等学校の教育の目的、目標の達成を目ざし、教育課程における国語科の位置に留意しながら、主として、読解する力、ことばを効果的に使用する力、ならびに各種の言語知識を養うことを目標とする。すなわち、
> 1　言語文化を広く深く理解できるように、**読解力**を豊かにし、特に鑑賞力や批判力を伸張させ、その読解の範囲も、現代文と並んで古文や漢文にまで拡充させる。

　ここに示されている「読解力」は、それを「豊かに」することで「言語文化を広く深く理解できるように」することを目指しています。「特に鑑賞力や批判力を伸張させ」とあり、単に正確に読み解くことを「読解」としているのではないということを示していると言えましょう。

　実は、これ以降、現行の小学校・中学校・高等学校の学習指導要領国語に至るまで、「読解力」という用語は取り上げられていません。

　では今日、「読解力」という用語を用いるとき、どのような意味や内容で用いているのか。そこには不分明なことも多くあります。そこでまず、手元の国語辞典を引いてみました。国語辞典において、「読解」という言葉は次のように示されています。

> ・「読解」；文章を読んで、その意味を理解すること。
> 　（『新明解国語辞典初版』1972（昭和47）年1月24日）
> ・「読解」；文章を読んで、その意味・内容を理解すること。

（『新明解国語辞典8版』2020（令和2）年11月20日）

『新明解国語辞典』で「理解すること」の対象に「内容」が加えられたのは、第6版からだそうです。第6版は、2005（平成17）年1月の刊行であり、確証はありませんが、PISAのReading Literacyの影響があったのかもしれません。

　2005（平成17）年12月に、横浜国立大学教育人間科学部附属横浜中学校FYプロジェクト編『「読解力」とは何か　PISA調査における「読解力」（リーティング・リテラシー）を核としたカリキュラムマネジメント』（三省堂）の「はじめに」で、当時、横浜国立大学教育人間科学部附属横浜中学校長であった筆者は、以下のような考えを示しています。

　　平成15年7月に実施されたOECD（経済協力開発機構）「生徒の学習到達度調査」PISA2003年の調査によって、「読解力（Reading Literacy）」の低下が問題になった。前回行われた2000年の調査では、32か国で約26万5,000人の15歳児が調査に参加し、2003年調査には、41か国・地域から約27万6,000人の15歳児が参加した。この調査における順位が2000年で8位であったものが、2003年では14位となり、そのことが学力低下論と相まって、「読解力」の低下問題として取り上げられるようになった。

　　PISA調査では、「読解力」のほかにも、「数学的リテラシー」「科学的リテラシー」「問題解決能力（2003調査から）」が行われているが、特に「読解力」の順位の低下が顕著であったため、「読解力」の向上に向けて、文部科学省も取り組んでいる。平成17年12月に文部科学省は「読解力向上に関する指導資料」を出している。

　　上記のことと関連して、平成17年10月26日に中央教育審議会は、「新しい時代の義務教育を創造する」（中央教育審議会答申）を出した。この中で、「（2）教育内容の改善　イ　学習指導要領の見直し」の項目の中で、次のように述べている。

> 国語力はすべての教科の基本となるものであり、その充実を図ることが重要である。

　　ここにおける国語力は、教科国語科でのみ育成するものではなく、学校教育すべての教科の基本として位置づけられている。また、文化庁は、平成16年2月3日に「これからの時代に求められる国語力について」（文化審議会答申）を出している。

　　国語力の内容には、思考力、読解力、表現力が含まれており、学校教育においては、教科国語としてのみ扱うのではなく、すべての教科において扱われなければならないものである。この国語力の育成の中心的なものとして「読解力」がある。

　　「読解力」に関するPISA調査で示している定義は、「自らの目標を達成し、自らの知識と可能性を発達させ、効果的に社会に参加するために、書かれたテキストを理解し、利用し、熟考する能力。」としている。それは、これまで日本の学校教育、特に国語科を中心として行われてきた「読むこと」の意味で用いられてきた読解力とは、異なった定義である。

　　この「読解力」は、これからの日本の教育において、学力の中心的な位置を担うものとなる。

　　また、PISAが示した「リテラシー」という学力は、いわばこれからの先進諸国で必要となるグローバルスタンダードとしての学力でもある。それは、学力の基礎・基本としてこれまで定位してきた「読・書・算」というスキル的な要素を含んだ学力とは、異なるものともいえよう。

この異なる学力に対する教師としての意識改革が今日求められている。それは、これまでの学校教育の中で、知識の習得として行われてきた学力でもないし、体験や経験をもとに活動を通して獲得してきた知識や技能でもない学力である。

この「読解力」を整理して示すと、以下の三つの要素の総体ということができる。

> Ⅰ　受信・受容：聞くこと、読むこと
> Ⅱ　思考・判断・創造：考えること、思うこと
> Ⅲ　発信・提示：話すこと、書くこと

上記のⅠ〜Ⅲの要素が互いに関わり合うことが、「読解力」の全体像となる。「読解力」は、Ⅰ・Ⅱ・Ⅲが切り離されているものではなく、総体として機能して、初めて「読解力」ということになる。

学校教育における「読解力」は、上記の三つの要素の総体として学習が行われるだけではなく、それぞれの要素の特徴を学習することも重要であるために、各要素を分離して学習することもある。しかし、最終的には、この三つの要素が総体として学習者の学力として定位されなければ、読解力を身につけたとはいえない。

したがって、学校教育において「読解力」を教育活動として学習者に身につけさせるには、指導する教師がこの三つの関係性を常に意識化して指導しなくてはならない。そこに、教師の指導力が問われている。

筆者はこの時点における「読解力」を、下記のように整理しています。
Ⅰ　**Input**　（**受信・受容**）：聞くこと、読むこと
Ⅱ　**Intake**　（**思考・判断・創造**）：考えること、思うこと
Ⅲ　**Output**（**発信・提示**）：話すこと、書くこと
「受信・受容→思考・判断・創造→発信・提示」のプロセスとして、「Input → Intake → Output」というPISAのReading Literacyの構造に依拠して「読解力」を示しています。

2 ｜ PISAのReading Literacy

（1）PISA2000・2003・2006年調査

PISA（OECD生徒の学習到達度調査）は、2000年の調査から始まりました。OECD（Organisation for Economic Co-operation and Development：経済協力開発機構）は、「より良い暮らしのためのより良い政策の構築に取り組む国際機関」であり、経済だけではなく環境問題や教育についても取り組んでいます。

PISAも、関係諸国の教育の現状や在り方についての調査のために行われるものです。2000年調査にあたり文部科学省は、調査の背景と目的について、次のように示しています。

> 経済協力開発機構（OECD）は、各国の教育制度や政策を様々な側面から比較する指標を開発

するために、教育インディケータ事業（INES: Indicators of Education Systems）を進めており、その一環として新たに国際的な生徒の学習到達度調査（Programme for International Student Assessment）を実施することとした。

　この調査は、「生きるために必要な知識や技能」、すなわち、持っている知識や技能を実生活の様々な場面で直面する課題にどの程度活用できるかを調査するものである。

　PISAの概要と内容は、以下のとおりです。（OECD − PISA国際報告書（mext.go.jp）、国立教育政策研究所OECD生徒の学習到達度調査（PISA）：国立教育政策研究所 National Institute for Educational Policy Research（nier.go.jp）より引用。以下、引用は、すべて同報告書より。）

《2000年調査国際結果の要約》
＜調査の概要＞
*参加国が共同して国際的に開発した学習到達度問題を15歳児を対象として実施する。
*PISA調査は、2000年に最初の本調査を実施し、以後3年ごとのサイクルで調査が実施される。
　（注記：2021年調査は、COVID-19のために、2022年に行われている。）
*PISA調査では、読解リテラシー（読解力）、数学的リテラシー、科学的リテラシーの3分野を調査する。
*2000年調査には32か国（ＯＥＣＤ加盟国28か国、非加盟国4か国）で約26万5,000人の15歳児が調査に参加した。

【調査の内容】
　2000年調査では、読解リテラシー（読解力）を中心分野とし、数学的リテラシー、科学的リテラシーをあわせた3分野を調査した。

　PISA調査では、義務教育修了段階の15歳児の生徒が持っている知識や技能を、実生活の様々な場面で直面する課題にどの程度活用できるかどうかを評価する。（特定の学校カリキュラムがどれだけ習得されているかをみるものではない。）

【調査対象】
　わが国では、15歳児に関する国際定義に従って、調査対象母集団を「高等学校本科全日制学科」の1年生、約140万人と定義し、層化二段階抽出法によって、調査を実施する標本を決定した。その結果、全国の135学科（133校）、約5,300人の生徒が調査に参加した。

【調査の方法】
　PISA2000年調査はペーパーテストを用い、各生徒は2時間のテスト問題に取り組んだ。

　PISA調査は多肢選択式の問題及び自らの解答を記述する問題から構成され、実生活で遭遇するような状況に関する課題文・図表等をもとに解答を求めた。

　PISA2000年調査では総計7時間分の問題を使用し、生徒はそれぞれ組み合わされ九つに分けられたテスト問題群に解答した。

PISA2000年調査では、「読解リテラシー（読解力）」を次のように定義しています。

　読解力とは、「自らの目標を達成し、自らの知識と可能性を発達させ、効果的に社会に参加するために、書かれたテキストを理解し、利用し、熟考する能力」である。

このPISA2000年調査の結果は、次のように示されています。

> 読解力を①情報の取り出し、②解釈、③熟考・評価の三つの側面に分けて平均得点を見てみると、わが国は、①情報の取り出し及び②解釈については1位のフィンランドと有意差があるがそれ以外の国とはないため2位グループに、③熟考・評価は1位のカナダとも有意差がないため1位グループに位置するといえる。

PISA2000年の調査問題は、全てが公開されてはいません。問題作成は、まずOECD加盟国の教育機関（日本の場合は、国立教育政策研究所）が、それぞれの母語で問題作成をします。次にそれを英語に翻訳したものを検討して問題を確定し、再度それぞれの母語に翻訳し直して調査問題として確定させます。

公開された問題の一部を、【参考資料】として巻末に掲載しているのでご参照下さい。

テスト問題の「落書き」は、四つの問いから構成されています。問1は、二つの手紙の目的を問う多肢選択問題です。問2は、広告が「引き合い」に出された理由を問う記述問題。問3と問4は、ともに「あなたの答えを説明してください」というもので、解答者自身の考えを記述するものです。「楽しく走れるランニングシューズ」でも4問中、2問が提示された情報について説明する記述問題となっています。「読解」の内容を、選択肢で答えるだけでなく、「読解」した内容を、自分の言葉で説明することが求められています。

2000年調査の結果について、文部科学省は、以下のように示しています。

> ・総合読解力を三つの側面、①情報の取り出し（テキストの中の一つあるいはそれ以上の情報の場所を指摘できる）、②解釈（テキストの一つあるいはそれ以上の部分をもとに解釈や推論ができる）、③熟考・評価（テキストを自分の経験、知識、考えと関係付けて熟考・評価できる）、に分けて、それぞれのレベル別生徒の割合を表2〜4でみてみると、いずれの側面についても我が国の生徒は7割以上がレベル3以上であり、レベル1あるいはレベル1未満は少ない。
> ・わが国の総合読解力の平均得点は522点で、フィンランドの546点とは統計的に有意差が認められるが、それ以外の上位の国とは有意差がないため読解力の総合平均得点では上位2位グループに位置するといえる。
> ・読解力を①情報の取り出し、②解釈、③熟考・評価の三つの側面に分けて平均得点を見てみると、わが国は、①情報の取り出し及び②解釈については1位のフィンランドと有意差があるがそれ以外の国とはないため2位グループに、③熟考・評価は1位のカナダとも有意差がないため1位グループに位置するといえる。
> ・なお、各側面の得点を統計的な有意差を考慮しないでみてみると、わが国は①情報の取り出しは6位、②解釈は8位、③熟考・評価は5位である。

また、2000年調査と2003年調査での、読解力得点の経年変化については、以下のように示しています。

> 2回の調査に共通に出題された読解力問題28題の正答率の平均値は、わが国では2000年調査の65パーセントに対して2003年調査は62パーセントと3ポイント低くなり、OECD平均も2ポイント低くなっている。わが国について5ポイント以上正当率が変化した問題は13題で、そのうち2003年調査の方が正答率が高い問題が3題、残りの10題は2000年調査の方が正答率が高かった。

　2003年調査問題は、2000年調査問題とほぼ同じものが使用されています。2003年調査においては、読解力の多肢選択問題については正答率が高いものの、自由記述（答えを導いた考え方や求め方、理由説明など、長めの語句で答える問題）、求答（答えが問題のある部分に含まれており、短い語句又は数値で答える問題）、短答（短い語句又は数値で答える問題）については、無答率がOECD平均より高く（自由記述60％、求答25％、短答25％）なっていました。

　この結果に対し、文部科学省は「読解力向上プログラム」（平成17年12月）を発出し、対策を図りました。2006年調査における読解力得点の経年変化については、次のように示されています。

　　2006年調査及び2003年調査に共通に出題された読解力問題28題の正答率の平均値は、日本では2003年調査の62％に対して2006年調査は60％と2ポイント低くなり、OECD平均は1ポイント低くなった。日本について5ポイント以上正答率が変化した問題は7題で、そのうち2006年調査の方が正答率が高い問題が1題、残りの6題は2003年調査の方が正答率が高かった。

　2006年度調査の結果も2003年調査と同様の傾向にあり、「読解力」には依然として課題があることが認められています。そこで、文部科学省は、さらなる取組として「言語活動の充実」を取り上げました。また「言語活動の充実」は、国語科のみで取り組むのではなく、全ての教科に渡って行われるべきものと位置付けられるようになりました。

　文部科学省は、2003年調査と2006年調査の結果から、「義務教育の機会均等とその水準の維持向上の観点から、全国的な児童生徒の学力や学習状況を把握・分析し、教育施策の成果と課題を検証し、その改善を図る」ことを目的として、全国学力学習状況調査を2007年から実施しました。

　全国学力学習状況調査では、「知識」に関する問題（A）と「活用」に関する問題（B）があり、特に「活用」に関する問題（B）は、PISA調査の問題と内容上の関連があります。なお、国語では、調査を開始した2007年から（A）問題・（B）問題 の2種類に分けた出題となっていましたが、2019年度からは統合されました。ただし、「知識」に関する問題と「活用」に関する問題は、それぞれ継続して出題されています。

（2）PISA2009年調査とデジタル読解力調査の導入

①PISA2009年調査

　2009年調査から、「読解力」の定義に一部変更がありました。

　　読解力の定義が、「自らの目標を達成し、自らの知識と可能性を発達させ、効果的に社会に参加するために、書かれたテキストを理解し、利用し、熟考し、これに取り組む能力」（下線：新たに加えられた部分）となった。読解力はただ単に読む知識や技能があるというだけでなく、様々な目的のために読みを価値付けたり、用いたりする能力によっても構成されるという考え方から、「読みへの取り組み」（engaging with written texts）という要素が加えられた。つまり、読むことに対してモチベーション（動機付け）があり、読書に対する興味・関心があり、読書を楽しみと感じており、読む内容を精査したり、読書の社会的な側面に関わったり、読書を多面的にまた頻繁に行っているなどの情緒的、行動的特性を指す。

「読解力」の定義の変更に基づき、PISA2009調査の問題も変わりました。発表されている問題の「携帯電話の安全性」では、相反する内容の結論を読み比べ、内容吟味と「読解」内容の理由説明を求めています。「在宅勤務」の問題では、主張文から対立点と共通点を「読解」し、その主張に対して「読解」した内容の根拠と理由とを記述することを求めています。

　2009年調査の結果は、以下のようになっています。

> 　2009年調査では、「情報へのアクセス・取り出し」「統合・解釈」「熟考・評価」の3つの側面について測定した。それぞれの特徴は次のとおり。
> ・「情報へのアクセス・取り出し」… 情報を見つけ出し、選び出し、集める。
> ・「統合・解釈」… テキストの中の異なる部分の関係を理解し、推論によりテキストの意味を理解する。
> ・「熟考・評価」… テキストと自らの知識や経験を関連付けたり、テキストの情報と外部からの知識を関連付けたりしながら、テキストについて判断する。
> ・いずれの側面も、日本、OECD平均ともに2000年に比べ2003年、2006年と平均正答率が低下したが、2009年は2006年に比べ上昇した。特に「熟考・評価」は、日本、OECD平均ともに、2009年の方が2000年よりも平均正答率が高い。
> ・「多肢選択」は2000年、2003年、2006年、2009年と平均正答率がほぼ同程度であるが、「複合的多肢選択」は2000年、2003年、2006年、2009年と低下している。
> ・「求答」「自由記述」「短答」は、2000年、2003年、2006年と低下していたが、2009年は2006年よりも約7〜13ポイントの上昇で、自由記述は2000年と同程度となった。

　ここで注目されるのは、自由記述がPISA2000年調査と同程度に回復したことです。2005（平成17）年12月に発出された「読解力向上プログラム」を基にした、国語科を中心とした各教科等における言語活動の充実や、全国学力学習状況調査の（B）問題を契機にこれまでの授業の在り方が見直されるようになった成果も認められるのではないでしょうか。

　結果については、以下のように示されています。

> ○読解力については、必要な情報を見つけ出し取り出すことは得意だが、それらの関係性を理解して解釈したり、自らの知識や経験と結び付けたりすることがやや苦手である。（「情報へのアクセス・取り出し」530点（平均正答率74%）、「統合・解釈」520点（平均正答率62%）、「熟考・評価」521点（平均正答率59%））

　PISA2009年調査の結果は、「情報へのアクセス・取り出し」の平均正答率で点数が高く、次に「統合・解釈」で、「熟考・評価」の点数が一番低いものとなっています。ここには、日本の生徒の、受容としての読解はよくできるが、思考力・判断力としての読解が弱いという特徴が現れており、そのことは読解力平均得点の国際比較（表2−A）においても認めることができます。（なお、本表においては42位まで掲載。）

	総合読解力	得点	「情報へのアクセス・取り出し」	得点	「統合・解釈」	得点	「熟考・評価」	得点
①	上海	556	上海	549	上海	558	上海	557
②	韓国	539	韓国	542	韓国	541	韓国	542
③	フィンランド	536	フィンランド	532	フィンランド	538	香港	540
④	香港	533	日本	530	香港	530	フィンランド	536
⑤	シンガポール	526	香港	530	シンガポール	525	カナダ	535
⑥	カナダ	524	シンガポール	526	カナダ	522	ニュージーランド	531
⑦	ニュージーランド	521	ニュージーランド	521	日本	520	シンガポール	529
⑧	日本	520	オランダ	519	ニュージーランド	517	オーストラリア	523
⑨	オーストラリア	515	カナダ	517	オーストラリア	513	日本	521
⑩	オランダ	508	ベルギー	513	オランダ	504	アメリカ	512
⑪	ベルギー	506	オーストラリア	513	ベルギー	504	オランダ	510
⑫	ノルウェー	503	ノルウェー	512	ポーランド	503	ベルギー	505
⑬	エストニア	501	リヒテンシュタイン	508	アイスランド	503	ノルウェー	505
⑭	スイス	501	アイスランド	507	ノルウェー	502	イギリス	503
⑮	ポーランド	500	スイス	505	スイス	502	エストニア	503
⑯	アイスランド	500	スウェーデン	505	ドイツ	501	アイルランド	502
⑰	アメリカ	500	エストニア	503	エストニア	500	スウェーデン	502
⑱	リヒテンシュタイン	499	デンマーク	502	台湾	499	ポーランド	498
⑲	スウェーデン	497	ハンガリー	501	リヒテンシュタイン	498	リヒテンシュタイン	498
⑳	ドイツ	497	ドイツ	501	フランス	497	スイス	497
㉑	アイルランド	496	ポーランド	500	ハンガリー	496	ポルトガル	496
㉒	フランス	496	アイルランド	498	アメリカ	495	アイスランド	496
㉓	台湾	495	台湾	496	スウェーデン	494	フランス	495
㉔	デンマーク	495	マカオ	493	アイルランド	494	デンマーク	493
㉕	イギリス	494	アメリカ	492	デンマーク	492	台湾	493
㉖	ハンガリー	494	フランス	492	イギリス	491	ラトビア	492
㉗	ポルトガル	489	クロアチア	492	イタリア	490	ドイツ	491
㉘	マカオ	487	イギリス	491	スロベニア	489	ギリシャ	489
㉙	イタリア	486	スロバキア	491	マカオ	488	ハンガリー	489
㉚	ラトビア	484	スロベニア	489	チェコ	488	スペイン	483
㉛	スロベニア	483	ポルトガル	488	ポルトガル	487	イスラエル	483
㉜	ギリシャ	483	イタリア	482	ラトビア	484	イタリア	482
㉝	スペイン	481	スペイン	480	ギリシャ	484	マカオ	481
㉞	チェコ	478	チェコ	479	スロバキア	481	トルコ	473
㉟	スロバキア	477	オーストリア	477	スペイン	481	クロアチア	471
㊱	クロアチア	476	リトアニア	476	ルクセンブルグ	475	ルクセンブルグ	471
㊲	イスラエル	474	ラトビア	476	イスラエル	473	スロベニア	470
㊳	ルクセンブルグ	472	ルクセンブルグ	471	クロアチア	472	スロバキア	466
㊴	オーストリア	470	ロシア	469	オーストリア	471	ドバイ	466
㊵	リトアニア	468	ギリシャ	468	リトアニア	469	リトアニア	463
㊶	トルコ	464	トルコ	467	ロシア	467	オーストリア	463
㊷	ドバイ	459	イスラエル	463	トルコ	459	チェコ	462

網かけは、非OECD加盟国を示す。

表2−A　読解力平均得点の国際比較（PISA2009年調査国際結果の要約より）

② デジタル読解力調査の導入

　PISA2009年調査からデジタル読解力の調査が国際オプションとして導入され、その内容を次のように示しています。これは、ICT（Information and Communication Technology）を用いる社会構造の変化に対応したものです。

デジタル読解力調査（Digital Reading Assessment）とは

　PISA調査では、読解力を「自らの目標を達成し、自らの知識と可能性を発達させ、効果的に社会に参加するために、書かれたテキストを理解し、利用し、熟考し、これに取り組む能力」と定義付けている。このうち「書かれたテキスト」とは、プリントされたテキストだけでなく、インターネットやコンピュータ上でアクセスできるようなデジタルなテキストも含まれる。したがって、デジタルテキストに基づく「デジタル読解力」は、上述の読解力の一部とみなされる。

　職場においてだけでなく、個人としての生活や社会生活、市民生活の場などにおいて、ICTスキルは重要性を増している。情報に通じ、社会と関わっていくためには、ICTスキルを通じて情報にアクセスするだけでなく、インターネットを効果的に利用する技能・知識を持っていることが必要となる。このように今後ますますデジタルテキストがあらゆる分野に入り込むことが予測されるため、すでに、読解力を中心分野とする第1回目のPISA2000年調査において、将来的には、評価問題冊子（ブックレット）及び質問紙に解答（回答）する筆記型から、コンピュータを使って問題を解き、解答（回答）を集計し、採点する方向になると考えられ、国際的に様々な機関・関係者によって、調査の枠組みや 調査手法などの開発が行われてきた。

　プリントされたテキストの読解（プリント読解）とデジタルテキストの読解（デジタル読解）に必要な技能は基本的に同じであるが、媒体としての性質の違いからもたらされるものとして、例えば、「情報へのアクセス・取り出し」では両者とも情報を選択、収集し、取り出す技能が求められるが、デジタルテキストでは、それに加え複数のナビゲーション・ツールを利用し、多くのページを横断しながら、特定のウェブページにたどり着き、特定の情報を見つけ出す技能が求められる。あるいは「統合・解釈」では、プリントテキストの場合、すでに構築されている連続的なテキストの内部において情報をまとめるのに対し、デジタルテキストの場合、リンクを選択し、テキストを収集、理解するプロセスにおいて、それぞれのテキストの重要な側面を読み手自身が構築していくという違いがある。さらに「熟考・評価」では、プリントテキスト以上に、デジタルテキストでは情報の出所や信頼性、正確さを吟味、判断しなければならない、などである。すなわち、デジタルテキストの読解にはプリントテキストの読解に加えて、新たな力点や戦略が必要とされる。PISA2009年調査のデジタル読解力調査で使用されたテキストはハイパーテキストに限定されているが、その中でも多様なテキストが含まれている。

調査問題

　筆記型の読解力（プリント読解力）調査問題とは別の調査問題を使用。筆記型の問題との大きな違いは、問題を解くために、ホームページへのアクセス、ボタンのクリック、コピー&ペースト、eメールの送受信、ウェブの掲示板への書き込み等、いわゆるICTリテラシーに関する知識・技能が必要な点である。

　デジタル読解力調査の公開問題は、3ユニット10題です。【参考資料】として一部を巻末に掲載して

いるのでご参照下さい。

　コンピュータを使用し、画面上の選択肢をクリックで解答する問題と、画面上で求められる問いに対して、理由説明をコンピュータに打ち込む問題となっています。

　デジタル読解力とプリント読解力との違いについては、次のようにまとめられています。

特　徴	デジタル読解力	プリント読解力
調査の方法	コンピュータ使用型調査 （コンピュータ画面による調査問題の提示・解答、解答データの収集）	筆記型調査 （ブックレット、鉛筆）
参加国・地域	19か国・地域（OECD加盟16、非加盟国・地域3）	65か国・地域（OECD加盟34、非加盟国・地域31）
調査対象	筆記型調査を受けた生徒のうち、109校（学科）の約3,430人の高等学校1年生（参加国全体で約36,000人）が参加。	185校（学科）から約6,000人の高等学校1年生（参加国全体で約47万人）が参加。
調査問題数	9ユニット（29題）	29ユニット（101題）
調査時間	40分	120分（ただし、このうち読解力に費やされた調査時間は生徒1人当たり平均約65分）
分析尺度	デジタル読解力のみ（問題数が少ないため下位領域なし）	総合読解力及び下位領域として3つの側面（「情報へのアクセス・取り出し」「統合・解釈」「熟考・評価」）

表2－B　デジタル読解力とプリント読解力の違い
（PISA2009年デジタル読解力調査～国際結果の概要～より）

　なお、PISA2009年調査では、国際オプションとして、コンピュータの利用等、ICTに関する調査も44か国・地域で実施しており、国語、数学、理科の各授業におけるコンピュータの使用状況についても問われました。その結果、日本はこれらいずれの授業においてもコンピュータを使用しないと回答した（無答・無効を含む）生徒の割合が高く、44か国・地域のなかでデジタル読解力調査に参加した17か国・地域の中で最多でした。2009年の時点で、日本の学校教育にコンピュータの使用がなされていないことがよくわかります。

（3）PISA2012年調査

　PISA2012年調査では、日本の得点は、2009年調査より上昇しています。調査結果は、下記に示す内容となっています。

　　・PISA2012調査で読解力の平均得点は、上海、香港、シンガポール、日本、韓国、フィンランド、アイルランド、台湾、カナダ、ポーランドの順で、日本の得点は538点であり、4番目に高い。

日本の2012年の平均得点は、読解力の比較が可能な2000年以降のいずれの調査との比較においても16〜40点高く、2000年との比較を除き、統計的な有意差がある。

・2012年に出題された読解力44題の日本の平均正答率は、OECD平均を8ポイント上回っており、44題のうち日本の2009年のデータがある43題について、2009年より2ポイント高い。2009年より正答率が5ポイント以上、下回った問題はない。

・読解力問題の日本の平均無答率は、OECD平均とほぼ同じであるが、日本の平均無答率がOECD平均より5ポイント以上、上回っている4題はいずれも自由記述である。

PISA2012年調査でも、日本の読解力の問題は自由記述にあると指摘されています。

また、2009年調査時点では、国際オプションとして19か国・地域のみが参加したコンピュータ使用型調査によるデジタル読解力の調査は、2012年調査では32か国・地域で実施されました。

(4) PISA2015年調査

PISA2015年調査より、筆記型問題による調査からコンピュータ使用型調査に全面移行しました。いわゆるCBT（Computer Based Testing）の導入です。現代社会はICTを切り離すことのできない社会になりつつあります。そこで、「生徒の知識や技能を活用する能力を測るため、また、よりインタラクティブで多様な文脈の問題を提示する」ことが求められるようになったため、コンピュータ使用型調査に移行されたのです。

調査の結果は、下記に示す内容となっています。

・日本の読解力の平均得点は516点で、シンガポール、香港、カナダ、フィンランド、アイルランド、エストニア、韓国、日本の順に高く、日本は8番目である。統計的に考えられる日本の平均得点の順位は、参加国全体の中では5位から10位の間、OECD加盟国の中では3位から8位の間である。

また、結果分析では、以下の指摘がされています。

○ 従来から見られた「自分の考えを説明すること」などに課題がある。（解答を課題文中から探そうとしているなどの誤答）

○ 過去の結果と比べて正答率に大きな変化があった設問の誤答状況を分析すると、
　・複数の課題文の位置付け、構成や内容を理解しながら解答することができていない
　・コンピュータ上の複数の画面から情報を取り出して整理し、それぞれの関係を考察しながら解答することができていない
　などの誤答が見られた。

PISA2015年調査における順位の低下には、明らかにコンピュータ使用型調査の影響が見られます。PISA2009年の調査で顕在化していたことではありますが、6年経過したこの時点でも、日本の生徒は、学校の授業で日常的にコンピュータを使用してはいない、という状況が顕著に現れています。

PISA2015調査を受け、文部科学省は、「読解力の向上に向けた対応策について」において、次のよ

うに指摘しています。

> CBTに全面移行する中で、例えば、紙ではないコンピュータ上の複数の画面から情報を取り出し、考察しながら解答する問題などで戸惑いがあったと考えられるほか、子供を取り巻く情報環境が激変する中で、
> ・文章で表された情報を的確に理解し、自分の考えの形成に生かしていけるようにすること
> ・視覚的な情報と言葉との結びつきが希薄になり、知覚した情報の意味を吟味して読み解くこと
> など、次期学習指導要領に向けた検討においても改善すべき課題として指摘されている点が、PISAの結果分析からも具体的に浮かび上がってきたところである。

　時代は変化し、これまで主として紙媒体を使って行われてきた教育にも、コンピュータが取り入れられるようになってきたのです。

　しかし、「学校における教育の情報化の実態等に関する調査」（政府統計）で日本全国の小学校、中学校、高等学校等のコンピュータ設置状況を見てみると、2015（平成27）年3月の時点で、教育用コンピュータ1台当たりの児童生徒数は6.4（児童生徒数／教育用コンピュータ台数）。つまり、この時点では、端末が一人一台行き渡っていないというのが実情であり、日本の各学校におけるコンピュータ使用率は、たいへん低いものであったことがわかります。

　文部科学省の「読解力の向上に向けた対応策について」では、さらに、「指導の改善・充実～学習基盤となる言語能力・情報活用能力の育成～」について、次の指摘をしています。

> ◆学習指導要領の改訂による国語教育の改善・充実
> ・読解力を支える語彙力の強化（例：学習指導要領における語彙指導の位置付けの明確化、読書活動の充実など）
> ・文章の構造と内容の把握、文章を基にした考えの形成など、文章を読むプロセスに着目した学習の充実（例：文章の構成や展開について記述を基に捉える学習、文章を読んで理解したことを基に自分の考えを深める学習の充実など）
> ・情報活用に関する指導の充実（例：比較や分類など情報の整理に関する指導の充実、実用的な文章を用いた学習活動の充実など）
> ・コンピュータを活用した指導への対応（コンピュータ上の文章の読解や情報活用に関する指導の充実）

　2017・2018（平成29・30）年告示の学習指導要領では、上記指摘の解決に向けた具体的な対応が図られています。

（5）PISA2018年調査

　PISA2018年調査は、PISA2015年調査に続き、全面的にコンピュータ使用型調査となりました。コンピュータ使用型調査との関連等から、「読解力」の定義が改定され、測定する能力も次ページの図2－Cのように示されました。（以下、図2-C、図2-Dは文部科学省・国立教育政策研究所「OECD生徒の学習到達度調査2018年調査（PISA2018）のポイント」による）

【読解力の定義】

自らの目標を達成し、自らの知識と可能性を発達させ、社会に参加するために、<u>テキスト</u>を理解し、利用し、<u>評価し</u>、熟考し、これに取り組むこと。

※下線部は2018年調査からの定義変更箇所
○コンピュータ使用型に移行し、デジタルテキストを踏まえた設計となったため、「書かれたテキスト」から「テキスト」に変更。(デジタルテキスト:オンライン上の多様な形式を用いたテキスト(Webサイト、投稿文、電子メールなど))
○議論の信ぴょう性や著者の視点を検討する能力を把握するため、テキストを「評価する」という用語を追加。

測定する能力

① 情報を探し出す
―テキスト中の情報にアクセスし、取り出す
―関連するテキストを探索し、選び出す

② 理解する
―字句の意味を理解する
―統合し、推論を創出する

③ 評価し、熟考する
―<u>質と信ぴょう性を評価する</u>
―内容と形式について熟考する
―<u>矛盾を見つけて対処する</u>

(下線部は、2018年調査から新たに定義に追加された要素)

図2-C

「読解力」の問題の正答率については、以下のような結果となっています。

●読解力の問題の分析対象である244題について、日本の正答率は61%である。読解プロセス別に日本の正答率を見ると、「情報を探し出す」については66%、「理解する」については63%、「評価し、熟考する」については53%である。

●出題形式別に日本の正答率を求めると、「多肢選択」については68%、「複合的選択肢」については53%、「求答・短答」については62%、「自由記述」については52%である。

こうした調査結果について、文部科学省は以下のような分析を示しています。

○読解力の平均得点の低下に影響を与える要因について分析したところ、生徒側(関心・意欲、自由記述の解答状況、課題文の内容に関する既存知識・経験、コンピュータ画面上での長文読解の慣れ等)、問題側(構成、テーマ、テキストの種類、翻訳の影響等)に関する事項などの様々な要因が複合的に影響している可能性があると考えられる。

○読解力を測定する3つの能力について、それらの平均得点が比較可能な2000年、2009年及び2018年(読解力が中心分野の回)の調査結果を踏まえると、

・「②理解する」能力については、その平均得点が安定的に高い。

・「①情報を探し出す」能力については、2009年調査結果と比較すると、その平均得点が低下。特に、習熟度レベル5以上の高得点層の割合がOECD平均と同程度まで少なくなっている。

・「③評価し、熟考する」能力については、2009年調査結果と比較すると、平均得点が低下。特に、2018年調査から、「質と信ぴょう性を評価する」「矛盾を見つけて対処する」が定義に追加され、これらを問う問題の正答率が低かった。

○また、各問題の解答状況を分析したところ、自由記述形式の問題において、自分の考えを根拠を示して説明することに、引き続き課題がある。誤答には、自分の考えを他者に伝わるように記述できず、問題文からの語句の引用のみで説明が不十分な解答となるなどの傾向が見られる。

さらに、「読解力」についてのまとめは、次のように示されています。

◆読解力の問題で、日本の生徒の正答率が比較的低かった問題には、テキストから情報を探し出す問題や、テキストの質と信ぴょう性を評価する問題などがあった。

◆読解力の自由記述形式の問題において、自分の考えを他者に伝わるように根拠を示して説明することに、引き続き、課題がある。

◆生徒質問調査から、日本の生徒は「読書は、大好きな趣味の一つだ」と答える生徒の割合がOECD平均より高いなど、読書を肯定的にとらえる傾向がある。また、こうした生徒ほど読解力の得点が高い傾向にある。

　調査問題について、少し触れておきたいと思います。巻末の【参考資料】として一部を掲載してありますので参照してください。

　「ラパヌイ島」に関する「読解」問題は、コンピュータ画面上の文章と問いに解答する形式で行われました。問題ごとに画面をクリックして、次の問いに進むことが求められています。調査問題は、コンピュータ画面上に示されていますが、文章量は、かなり多いと言えましょう。また、一つの画面上に文章だけではなく写真画像も示されており、そこからの情報を読み取ることも求められています。さらに、複数の画面で課題文が提示されているために、Webリンクのクリックやタブの切り替えによって他画面に移動することが必要となり、加えて、移動先の文章と関連づけて「読解」することも求められています。

　問題は、選択肢と文章入力による解答を求めています。特に、文章を「読解」した上での、解釈や判断内容を選択肢から選び、ドラッグやドロップの機能を用いて画面上で操作し、解答することも求めています。一つの画面の「読解」だけでなく、複数画面の「読解」を組み合わせて解答することを求める問いもあり、単に、画面上で答を選択するのではなく、文章入力をはじめとしたコンピュータの適切な操作も必要となっています。

　こうしたコンピュータ使用型調査について、文部科学省は以下のように示しています。

コンピュータ使用型調査について（2015年、2018年調査）

◆2015年調査より、コンピュータ使用型調査に移行

操作例	○長文の課題文をスクロールして読む　　　○キーボードで解答入力(ローマ字入力) ○複数の画面で課題文を提示(Webリンクのクリックやタブの切替えで他画面に移動) ○マウスによる解答選択、ドラッグ＆ドロップ操作で画面上の選択肢を動かして解答 　※数学的リテラシーのみ、従来の冊子型の問題を用いてコンピュータ画面上で実施しており、次回2021年調査からコンピュータ使用型調査用に、新規問題を開発・導入予定。
調査設計	○大問ごとに解答を完結する設計のため、解答が終わって次の問に進むと前の大問に戻れない設計。冊子による調査と異なり、最初に調査の全体像を把握したり、最後に全体の解答を修正したりすることができない。

読解力分野のコンピュータ使用型調査の特徴

○オンライン上の多様な形式を用いた課題文(投稿文、電子メール、フォーラムへの参加回答など)を活用(従来の小説、演劇の脚本、伝記、学術論文等に加えて)。

○2018年調査は、全小問245題のうち約7割の173題がコンピュータ使用型調査用に開発された新規問題。日本の生徒にとって、あまり馴染みのない多様な形式のデジタルテキスト(Webサイト、投稿文、電子メールなど)や文化的背景、概念・語彙などが使用された問題の数が増加したと考えられる。

図2－D

このようなPISA2018年調査を踏まえ、文部科学省は以下のような施策を示しました。（文部科学省・国立教育政策研究所「OECD生徒の学習到達度調査2018年調査（PISA2018）のポイント」より）

PISA調査結果を踏まえた文部科学省の施策

1．PISA調査結果における各課題に対応した新学習指導要領の実施

文部科学省において、PISA調査結果における各課題に対応した新学習指導要領を着実に実施するとともに、各種施策を推進し、教育委員会・学校・教職員の取組を支援。

（1）主体的・対話的で深い学びの視点からの授業改善の実現

・主体的・対話的で深い学びの視点からの授業改善により、児童生徒に学習する意義を実感させたり、情報を精査して考えを形成させたり、問題を見いだして解決策を考えさせたりすることを重視した学習を充実できるよう、好事例の蓄積や情報提供などによる支援を実施。

（2）読解力等の言語能力の確実な育成

①小中高等学校を通じた国語科における指導の充実

・文章を正確に理解するために必要な語彙、情報の扱い方の確実な定着（辞書や事典の活用等）。
・「読むこと」の指導における㋐文章の構成や論理の展開、表現の仕方を捉え内容を解釈すること、㋑文章と図表の関係を踏まえて内容を理解すること、㋒文章を読んで理解したことに基づいて自分の考えをもち表現することの重視。
・多様な文章を読んで考えたことを話し合ったり、文章にまとめたりするなどの言語活動の重視。

②言語能力の育成に向けたカリキュラム・マネジメントの充実

・グラフや図表を読む、実用的な文章（新聞や広報誌等）に触れる等の機会の充実や各教科等の学習を支える語彙の確実な習得（辞書や事典の活用等）のための各教科等の特質に応じた言語活動等の充実。
・総合的な学習（探究）の時間や理数探究等における論文、レポート等を重視した言語活動の充実。
・朝の読書活動等による読書習慣の定着や学校図書館の整備・活用等の言語環境の整備。

（3）情報活用能力の確実な育成

・小学校段階からのプログラミング教育の実施、学校での学習活動におけるコンピュータ活用の推進。
・コンピュータ等の情報手段を適切に用いた情報取得、情報の整理・比較、情報の発信・伝達、データの保存・共有等を行う力の育成、及びそれらを行う上で必要となる情報手段の基本的な操作の習得の重視。
・家庭・地域と連携したスマートフォン等の適切な利用（長時間、SNS等）に関する情報モラル教育の推進。

（4）理数教育の充実

・数学教育における、知識・技能の多様な場面での活用機会、統計的に考察し問題解決を図る活動の充実。
・理科教育における、日常生活や社会との関連を重視する活動、実験・観察など科学的に探究する活動の充実。

（5）全国学力・学習状況調査も活用した指導の充実

・全国学力・学習状況調査の結果により児童生徒の学習状況を把握した上で、知識・技能を実生活の様々な場面に活用する力や、様々な課題解決のための構想を立て、実践して評価・改善する力の育成する指導の充実。

2．学校のICT環境整備の加速化に向けた取組の推進

（1）学校のICT環境整備の加速化に向けた取組の推進

一人一台の学習者用コンピュータ、学校内全教室の高速かつ大容量の通信ネットワークの整備を推進。

（2）「新時代の学びを支える先端技術活用推進方策」の具体化・実施

学校における効果的な先端技術の活用や新時代の学びに必要となる学校ICT環境整備に関する実証等を推進。

図２−E

先に少し触れましたが、PISA2018年調査では、コンピュータ使用型調査との関連等から、「読解力」の定義が改められました。実は、2000年から始まったPISA調査で、「読解力（Reading Literacy）」の定義は、以下のように二度改められています（下線は筆者）。

> ・**PISA2000年調査における読解力の定義：**
>
> 　自らの目標を達成し、自らの知識と可能性を発達させ、効果的に社会に参加するために、書かれたテキストを理解し、利用し、熟考する能力。
>
> ・**PISA2009年読解力における読解力の定義：**
>
> 　自らの目標を達成し、自らの知識と可能性を発達させ、効果的に社会に参加するために、書かれたテキストを理解し、利用し、熟考し、<u>これに取り組む</u>能力。
>
> ・**PISA2018年読解力における読解力の定義：**
>
> 　自らの目標を達成し、自らの知識と可能性を発達させ、社会に参加するために、<u>テキスト</u>を理解し、利用し、<u>評価し</u>、熟考し、これに取り組むこと。

　定義の文言を比較すると、2009年調査では「これに取り組む」能力が追記されたことが分かります。

　2015年調査で時代状況に対応したコンピュータ使用型調査に全面移行したことから、2018年調査では、定義から「書かれた」という語が削除されました。また、信ぴょう性や著者の視点を検討する能力を把握するため、テキストを「評価する」という用語が追加されています。

　第1章でも触れましたが、2018年調査の結果から、文部科学省は、日本の学校教育にコンピュータの導入を図るため、2020年度概算要求で、2017（平成29）年告示の学習指導要領の全面実施に向けて、予算の計上を行い、3年間の年次進行で全ての義務教育の児童生徒にPC・タブレット端末を配布しようとしていました。そのような中、2020（令和2）年に、COVID-19が世界規模で蔓延し、日本の学校でもオンライン学習の必要性が生じたため、各都道府県教育委員会及び市町村教育委員会の協力を基に、2020年度中に、全国の小・中学校に対する一人一台のPC・タブレット端末の配布が実現されました。3年計画での導入が、わずか1年で達成されることになったのです。

　文部科学省が行っている全国学力・学習状況調査には、2024（令和6）年度からCBTが順次導入される（児童生徒質問紙調査はオンラインによる回答方式を全面導入）ことが予定されています。また、2025（令和7）年度の調査では、中学校の理科のみ、従来の冊子を用いた筆記方式（PBT）ではなくCBTで実施することが、素案として発表されています。最終的には全国学力・学習状況調査全体をCBTで実施する方針で、現在、そのための問題開発が進められています。

　フィンランドでは、高校修了資格認定試験・大学入学共通テスト（兼ねたもの）が2019年より既にCBTで行われています。[1] 受験生の数が10万人程度ですので実施が可能ですが、日本のように、大学入学共通テストの受験者数が50万人程度となると、そのシステムの構築には、難しいものがあると考えられます。

　なお、PISA2021年調査は、COVID-19の影響で、2022年に調査が実施されました。

（6）PISA2022年調査

　2023(令和5)年12月5日、COVID19が流行して以降初めてとなるPISA2022年調査の結果が公表されました。PISA調査では毎回、3分野のうち1つを中心的な分野として重点的に調査しており、今回は「数学」が対象でした。

---

[1] 北川達夫・髙木展郎『フィンランド×日本の教育はどこへ向かうのか―明日の教育への道しるべ』（共著、三省堂2020年 pp.144-147）

また、2022年調査は、読解力と数学的リテラシーにおいて、コンピュータ使用型調査であることを利用して、生徒の能力をより高い精度で測ることを目的として、生徒の解答結果に応じて出題内容を変える「多段階適応型テスト（Multi Stage Adaptive Testing：MSAT）」で行われました。

　2022年調査における「読解力」の日本の生徒の平均得点は、516点（OECD平均は、476点）で、前回調査の2018年調査よりも、12点上昇しました。

　「読解力」の日本の生徒の平均得点は、2012年調査（538点、1位／34カ国）で上昇したものの、2015年にコンピュータ使用型調査が導入され順位を下げ(516点、6位／35カ国)、さらに、2018年調査でも順位を下げました（504点、11位／37カ国）[1]。

　その要因として、日本の生徒がコンピュータによる解答に慣れていなかったことが大きいと考えられたため[2]、文部科学省は、全国すべての小学校と中学校の児童生徒に一人一台のPC・タブレット端末配布を実現するための予算措置を行いました。COVID-19の世界的な蔓延という不測の事態が重なったこともありますが、一人一台のPC・タブレット端末の配布が極めて迅速に行われた経緯は、本章「(5) PISA2018年調査」で述べたとおりです。図2-Fに現れた調査結果などを見ても、2022年調査における平均点の上昇は、こうした施策によるところが小さくないであろうと思われます。

　また、2022年調査に参加した生徒は、中学校でのコンピュータ使用が既に行われた世代です。2022年調査もコンピュータ使用型調査です。2015・2018年調査と比べ、コンピュータ使用での解答がスムーズに行われたことも、得点の上昇に寄与していると考えられます。

○日本の高校におけるICT環境の整備は2018年調査以降進んでおり、「学校でのICTリソースの利用しやすさ」指標はOECD平均を上回っている。

（ⅰ）ICT活用調査　問3　学校でのICTリソースの利用しやすさ（日本）
「次のようなことは、あなたにどれくらいあてはまりますか。」

■まったくその通りだ　■その通りだ　□その通りでない　■まったくその通りでない（%）

	まったくその通りだ	その通りだ	その通りでない	まったくその通りでない
学校には、インターネットに接続できるデジタル機器が十分にある	30.6	53.2	10.5	5.7
学校には、生徒全員のために十分なデジタル・リソースがある	30.6	52.5	10.6	6.3
学校の先生は、教えるときにデジタル・リソースを使おうとしている	18.9	58.5	16.0	6.6
学校の先生は、授業中にデジタル機器を使うための十分な能力がある	19.5	57.8	17.0	5.7
デジタル・リソースは、教室内で簡単に利用できる	22.5	54.3	14.5	8.7
学校では、デジタル・リソースが十分に使える	21.1	54.6	17.3	7.1
学校は、生徒がデジタル・リソースを使うときのために、十分な技術的なサポートを提供している	18.4	57.2	17.3	7.1
学校で利用できる学習用のデジタル・リソースは、学習を楽しくしてくれる	16.8	51.9	22.5	8.8
学校のインターネットは十分速い	13.3	40.4	32.2	14.2

（ⅱ）ICT活用調査「学校でのICTリソースの利用しやすさ」指標

（ⅰ）の9項目の回答割合から指標値を算出。

5位	日本	0.31
	OECD平均	0.00

※ICT活用調査に参加したOECD加盟国29か国の平均値が0.0、標準偏差が1.0となるよう標準化されており、その値が大きいほど、学校でのICTリソースの利用しやすいことを意味している。

ITC活用調査 問3 学校でのITCリソースのの利用しやすさ（日本）
【出典：OECD生徒の学習到達度調査2022年調査（PISA2022）のポイント】

図2－F

---

1 第1章、図1-Aを参照。
2 PISA「2018年調査補足資料」「1週間のうち、教室の授業でデジタル機器を使う時間の国際比較（2018年）」によると、「授業でデジタル機器を使用しない」と答えた生徒の割合は、国語83.0%、数学89.0%、理科75.9%であり、OECD平均を大きく下回っている。

　2022年調査では、習熟度別得点別分布で、高得点層が前回より2.1ポイント増え12.4%となりました。得点の最下位層は、13.8%と3.1ポイント減りました。日本の低得点層の割合は、OECD平均26.3%よりも12.5ポイント低くなっています。このことは、日本の生徒全体のベースが上がっていることを表しています。

　ただし、真に大切にしたいのは、PISA調査の結果としての順位ではなく、どのような資質・能力が育成されているか、です。メディアは、全国学力・学習状況調査においても各県の順位を掲載します。順位を付けることには、調査結果を分かりやすく伝えるという側面もありますが、順位を付けることで、本質が見えなくなることも多くあります。

　これまで20有余年続いてきたPISA調査は、時代が求める資質・能力の育成を図るために行われてきたとも言えましょう。日本の学校教育においてPISAが求める資質・能力は、初めてPISA調査が行われた2000（平成12）年以降、学習指導要領に反映されるようになりました。2000年のPISA調査の「読解力」では、選択肢の問題の正答率は高かったものの、記述する問題では無答が多く、そこに日本の学校教育の問題点が指摘されました。文部科学省は、2002（平成14）年度から3年間「学力向上フロンティア事業」を立ち上げ、学習指導要領のねらいとする「確かな学力」[2]の向上を図りました。2003年調査、2006年調査においてもその傾向がさらに強くなったため、さらに、2007（平成19）年から全国学力・学習状況調査を導入し、特に、記述問題を中心とした調査（平成30年までは、B問題）を行うことにより、PISA調査で指摘された課題と問題点に対処し、資質・能力の向上を図るため、小学校と中学校における授業改善の方向性も示しました。

　2000年以降の日本の学校教育は、PISA調査を教育の指針として学校教育の内容を再構築してきたとも言えましょう。また、2022年のPISA調査の結果は、2000年以降の日本の学校教育の一つの成果であるとも言えるでしょう。

　2022年のPISAの「読解力」では、「自らの目標を達成し、自らの知識と可能性を発達させ，社会に参加するために、テキストを理解し、利用し、評価し、熟考し、これに取り組むこと」という定義のもと、PISA2018から継続した調査が行われました。結果は、「情報を探し出す」に関しては68%の正答率、「理解する」に関しては67%の正答率と、比較的高い傾向にあったのに対し、「評価し、熟考する」は、55%の正答率にとどまっています。このことは、受容としての資質・能力は高いものがあるが、それらを解釈し実行し、表現する資質・能力には、未だ課題があることが示されているとも言えましょう。

　平成10年版の学習指導要領では、知識の習得のみの学力観からの転換を図るため、学習指導要領の「内容」の厳選を行い、大綱化を図りました。その結果、「ゆとり教育批判」が起こり、平成15年に学習指導要領の一部改正が図られ、厳選した学習指導要領の「内容」を厳選以前の状態に戻すことが行われました。それにより、学習量が増加しました。

　今日、時代が変遷する中で、学校教育は学習指導要領に縛られず、子どもたちが自由な学びを行う（ことが良い）、という主張も出始めています。学校教育では、社会で必要な基本的な知識や技能を学ぶだけではなく、社会に必要な知識・技能（コンテンツ・ベースの資質・能力）と共に、思考力や判断力、

---

[2] 確かな学力：1996（平成8）年に中央教育審議会から出された答申の中の用語。1998・1999（平成10年・11）年告示の学習指導要領に反映された考え方。
　変化の激しいこれからの社会を生きる子どもたちに身に付けさせたい「生きる力」の三つの要素［確かな学力］、［豊かな人間性］、「健康と体力」の一つ。
　［確かな学力］とは、知識や技能はもちろんのこと、これに加えて、学ぶ意欲や自分で課題を見付け、自ら学び、主体的に判断し、行動し、よりよく問題解決する資質や能力等まで含めたもの。

表現力等（コンピテンシー・ベースの資質・能力）を身に付けることが求められる時代となってきました。学校教育の機能そのものの問い直しが行われる時代となっているとも言えましょう。そこでは、かつてあったような「ゆとり」か「詰め込み」かといった二項対立の陥穽に陥らぬよう、これからの時代が求める資質・能力を、如何に育成を図るかが問われているのです。

PISA調査の内容には、時代が求める資質・能力の育成に向けて、その指針が時代の変遷の中に機能する資質・能力として示されているとも言えましょう。

3 | PISA調査の結果を基にした文部科学省の対応

PISA2003年調査の結果、「読解力」の得点がOECD平均程度まで低下している状況にあることが判明し、それが日本の学校教育の大きな課題となりました。文部科学省は、この課題に対応すべく、「読解力向上プログラム」（平成17年12月）と「読解力向上に関する指導資料〜PISA調査（読解力）の結果分析と改善の方向〜」（平成17年12月）を発出しました。

「読解力向上プログラム」では、「読解力」の定義について次のように示しています（p.2）。

> PISA調査の「読解力」とは、「Reading Literacy」の訳であるが、わが国の国語教育等で従来用いられてきた「読解」ないしは「読解力」という語の意味するところとは大きく異なるので、本プログラムでは単に「読解力」とはせずに、あえてPISA型「読解力」と表記することとした。

また、その特徴を、次のように示しています（p.2）。

> 「読解力」とは、文章や資料から「情報を取り出す」ことに加えて、「解釈」「熟考・評価」「論述」することを含むものであり、以下のような特徴を有していると言える。
> ①テキストに書かれた「情報の取り出し」だけではなく、「理解・評価」（解釈・熟考）も含んでいること。
> ②テキストを単に「読む」だけではなく、テキストを利用したり、テキストに基づいて自分の意見を論じたりするなどの「活用」も含んでいること。
> ③テキストの「内容」だけでなく、構造・形式や表現法も、評価すべき対象となること。
> ④テキストには、文学的文章や説明的文章などの「連続型テキスト」だけでなく、図、グラフ、表などの「非連続型テキスト」を含んでいること。

PISA2003年調査の結果分析については、次のようにまとめています（p.3）。

> ……今回のPISA調査（2003年）及び前回調査（2000年）の結果について正答率や無答率を基にして分析すると、得点の経年比較で中位層の生徒が下位層にシフトするなど全般的に課題はあるが、特に、読解のプロセスにおいては「テキストの解釈」「熟考・評価」に、出題形式においては「自由記述（論述）」に課題があることがわかった。

　具体的に言えば、正答率がOECD平均より5％以上低い問題数の割合を読解のプロセス別に見た場合、以下のグラフのように、「解釈」「熟考・評価」で課題が多いことがわかる。

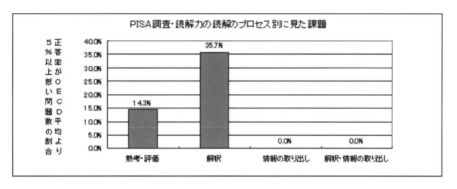

熟考・評価：テキストに書かれていることと知識・考え方・経験等との結び付けが必要な問題
解釈：書かれた情報がどのような意味を持つかの理解・推論が必要な問題
情報の取り出し：テキストに書かれている情報を正確に取り出すことが必要な問題

　また、無答率がOECD平均より5％以上高い問題数の割合を出題形式別に見た場合、以下のグラフのように、選択式に比べて、自由記述（論述）の問題で課題が多いことがわかる。

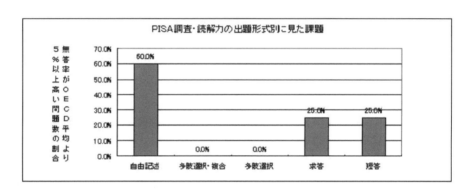

自由記述：答えを導いた考え方や求め方、理由説明など、長めの語句で答える問題
求答：答えが問題のある部分に含まれており、短い語句で又は数値で答える問題
短答：短い語句又は数値で答える問題

　このように、わが国の子どもは、「テキストの解釈」「熟考・評価」とりわけ「自由記述（論述）」の問題を苦手としていることが明らかとなった。この結果は、PISA型「読解力」の課題が「読む力」にとどまらず、「書く力」や、特に「考える力」と関連していることを示唆している。
　したがって、各学校において、子どもたちのPISA型「読解力」を向上させるためには、教科国語の指導のみならず、各教科及び総合的な学習の時間等の学校の教育活動全体を通じ、「考える力」を中核として、「読む力」「書く力」を総合的に高めていくことが重要である。また、前回のPISA調査（2000年）において、読書習慣がある子どもほどPISA型「読解力」の得点が高い傾向にあることが明らかになっており、読書活動等を通じて言語についての知識や経験を深めることにより、子どもたちのPISA型「読解力」を支える基礎力を育成することも重要である。

上記に基づき、「読解力向上に関する指導資料～PISA調査（読解力）の結果分析と改善の方向～」では、指導の改善の方向を、次のように提示しています（p.11-15）。

(1) 基本的な考え方

ア　PISA調査の狙いとするところは、現行学習指導要領で子どもに身に付けさせたいと考えている資質・能力と相通じるものであることから、学習指導要領のねらいとするところの徹底が重要である。

イ　PISA調査の結果から明らかになったことと、教育課程実施状況調査の結果とには共通点があることから、教育課程実施状況調査の結果を受けた改善の提言も併せて指導の改善に生かすことが重要である。

ウ　読解力は、国語だけではなく、各教科、総合的な学習の時間など学校の教育活動全体で身に付けていくべきものであり、教科等の枠を超えた共通理解と取組の推進が重要である。

(2) 改善の具体的な方向

教科国語を中心としつつ、各教科、総合的な学習の時間を通じて、次のような方向で、改善の取組を行う必要がある。

---

①テキストを理解・評価しながら読む力を高めること

読む力を高めるためには、テキストを肯定的にとらえて理解する（「情報の取り出し」）だけではなく、テキストの内容や筆者の意図などを解釈することが必要である。さらに、そのテキストについて、内容、形式や表現、信頼性や客観性、引用や数値の正確性、論理的な思考の確かさなどを理解・評価したり、自分の知識や経験と関連付けて建設的に批判したりするような読み（クリティカル・リーディング）を充実することも大切である。

特に、授業の中では、何のためにそのテキストを読むのか、読むことによってどういうことを目指すのかといった目的を明確にした指導が必要である。

すなわち、テキストを単に読むだけでなく、考える力と連動した形で読む力を高める取組を進めていくことが重要である。

---

②テキストに基づいて自分の考えを書く力を高めること

読解に当たっては、単に読んで理解するだけでなく、テキストを利用して自分の考えを書くことが求められる。テキストの内容を要約・紹介したり、再構成したり、自分の知識や経験と関連付け意味付けたり、自分の意見を書いたり、論じさせたりするなどの機会を設けることが重要である。

特に「自由記述（論述）」に不慣れな生徒には、授業のまとめのときに、自分の考えを簡潔に書かせるなど日常的な授業の工夫が必要である。そして、こうした活動を踏まえて、自分の考えをA4一枚程度にまとめて表現するなどの活動を重視する必要がある。

すなわち、一方でテキストを読んで理解することによって得られた知識について、実生活や行動と関連付けて書く力を高めるとともに、他方で書いたものをさらに深めることを通じて読

む力を高めることが期待される。このように、考える力を中核として、読む力、書く力を総合的に高めていくプロセスを確立することが重要である。

> ③様々な文章や資料を読む機会や、自分の意見を述べたり書いたりする機会を充実すること。

　読むことについては、朝の読書の推進を含め、読書活動をさらに推進することが求められる。その際、文学的な文章だけでなく、新聞や科学雑誌などを含め、幅広い範疇の読み物に親しめるよう、ガイダンスを充実することが重要である。

　授業の中で、自分の意見を述べたり書いたりする機会を充実することも求められる。その際、単に自分の経験や心情を書くだけではなく、目的や条件を明確にして自分なりの考えを述べたり、論理的・説明的な文章に対する自分なりの意見を書いたりするなどの機会を意図的に作って行くことも大切である。

　また、家庭や地域に対して、読書や読み聞かせ、自分の思いや考えを話したり、書いたりする取組の大切さなどについて周知していくことも求められる。

　さらに、「2　読解力を高める指導例」として、「(1) 指導のねらい」を、次のように示しています (pp.15-18)。ここではその項目のみを示します。

(1) 指導のねらい
　ア　テキストを理解・評価しながら読む力を高めること
　　(ア) 目的に応じて理解し、解釈する能力の育成
　　(イ) 評価しながら読む能力の育成
　　(ウ) 課題に即応した読む能力の育成
　イ　テキストに基づいて自分の考えを書く力を高めること
　　(ア) テキストを利用して自分の考えを表現する能力の育成
　　(イ) 日常的・実用的な言語活動に生かす能力の育成
　ウ　様々な文章や資料を読む機会や、自分の意見を述べたり書いたりする機会を充実すること
　　(ア) 多様なテキストに対応した読む能力の育成
　　(イ) 自分の感じたことや考えたことを簡潔に表現する能力の育成

　以上のように、日本の学校教育における「読解力」育成の方針が、「読解力向上プログラム」と「読解力向上に関する指導資料～PISA調査（読解力）の結果分析と改善の方向～」によって示されたのです。

4 | PISA2003年調査結果を受けての実践研究

　横浜国立大学教育人間科学部附属教育実践総合センター（平成22年4月より横浜国立大学教育人間科学部附属教育デザインセンター）では、「学力向上拠点形成事業・文部科学省委嘱『わかる授業実現のための教員の教科指導力向上プログラム』研究会（国語）読解力向上プログラムに係る『読解力向上のための指導事例集』作成のための委嘱事業」を2005（平成17）年度と2006（平成18）年度の2年間にわたって行いました。

　また、その実践上の具体的な研究実施機関としては、横浜国立大学教育人間科学部附属横浜中学校が、中核の機構として本委嘱事業を推進しました。

　その成果は、先に示しました横浜国立大学教育人間科学部附属横浜中学校FYプロジェクト編『「読解力」とは何か　PISA調査における「読解力」（リーティング・リテラシー）を核としたカリキュラムマネジメント』（三省堂、2005年）としてまとめました。

　また、文部科学省委嘱・学力向上拠点形成事業「わかる授業実現のための教員の教科指導力向上プログラム」に関しては、「読解力向上のための指導事例集」（2006（平成18）年3月）と「読解力向上のための指導事例集の活用の仕方と読解力に関する課題集」（2007（平成19）年3月）[2] として、その成果を公表しています。

　この事業は、PISA2003年調査の結果を踏まえ、これからの日本の教育の方向性を志向する先導的な実践研究であったとも言えます。本実践研究は、「読解力向上プログラム」と「読解力向上に関する指導資料〜PISA調査（読解力）の結果分析と改善の方向〜」に示された「読解力」の考え方や改善の具体的な方向性、それに基づいた資質・能力を育成するための具体的な指導例を示しました。さらに、本実践研究では、具体的な事例をもとに「読解力」を中心としたカリキュラム編成を求めています。このカリキュラム構成は、教科国語にとどまらず、学校教育における全ての教科にわたって行われるべきものでもあります。この指導事例集と課題集での研究成果は、2017・2018（平成29・30）年告示の学習指導要領におけるカリキュラム・マネジメントにつながるものでもあります。

　「読解力」に関する学力育成の方向性は、PISAが提起した「読解力」をどのように向上させることができるかというもので、これまでの学力観とは趣を異にするものです。そのことは、「読解力向上に関する指導資料〜PISA調査（読解力）の結果分析と改善の方向〜」の「2　読解力を高める指導例」の「(1)指導のねらい」に示されている項目（本書p.47参照）を、学校教育全体を通して育成していくということであり、誤解を恐れずに言えば、これまで日本の学校教育では注目されてこなかった学力、リテラシー（知識や能力を活用する力）としての「読解力」を育んでいくということなのです。この研究の成果は、2008・2009（平成20・21）年告示と2017・2018（平成29・30）年告示の学習指導要領の基盤となった考え方に通じるものがあると言えましょう。

---

2 横浜国立大学教育学部附属教育デザインセンターホームページ、「MENU」「リンク集」「過去のリンク」に、この指導事例集と課題集が掲載されています。

5 ｜「読解力」と言語活動の充実

　文部科学省「幼稚園、小学校、中学校、高等学校及び特別支援学校の学習指導要領等の改善について（答申）」（平成20年1月17日、以下「平成20年答申」）では、PISA2003年調査に基づき、次の「（4）思考力・判断力・表現力等の育成」についての指摘がされています（pp.25-26、太字下線は引用者）。

○ 現在の各教科の内容、PISA調査の読解力や数学的リテラシー、科学的リテラシーの評価の枠組みなどを参考にしつつ、言語に関する専門家などの知見も得て検討した結果、知識・技能の活用など思考力・判断力・表現力等をはぐくむためには、例えば、以下のような学習活動が重要であると考えた。このような活動を各教科において行うことが、思考力・判断力・表現力等の育成にとって不可欠である。

① 体験から感じ取ったことを表現する

　（例）・日常生活や体験的な学習活動の中で感じ取ったことを言葉や歌、絵、身体などを用いて表現する

② 事実を正確に理解し伝達する

　（例）・身近な動植物の観察や地域の公共施設等の見学の結果を記述・報告する

③ 概念・法則・意図などを解釈し、説明したり活用したりする

　（例）・需要、供給などの概念で価格の変動をとらえて生産活動や消費活動に生かす
　　　　・衣食住や健康・安全に関する知識を活用して自分の生活を管理する

④ 情報を分析・評価し、論述する

　（例）・学習や生活上の課題について、事柄を比較する、分類する、関連付けるなど考えるための技法を活用し、課題を整理する
　　　　・文章や資料を読んだ上で、自分の知識や経験に照らし合わせて、自分なりの考えをまとめて、Ａ４・１枚（１０００字程度）といった所与の条件の中で表現する
　　　　・自然事象や社会的事象に関する様々な情報や意見をグラフや図表などから読み取ったり、これらを用いて分かりやすく表現したりする
　　　　・自国や他国の歴史・文化・社会などについて調べ、分析したことを論述する

⑤ 課題について、構想を立て実践し、評価・改善する

　（例）・理科の調査研究において、仮説を立てて、観察・実験を行い、その結果を整理し、考察し、まとめ、表現したり改善したりする
　　　　・芸術表現やものづくり等において、構想を練り、創作活動を行い、その結果を評価し、工夫・改善する

⑥ 互いの考えを伝え合い、自らの考えや集団の考えを発展させる

　（例）・予想や仮説の検証方法を考察する場面で、予想や仮説と検証方法を討論しながら考えを深め合う
　　　　・将来の予測に関する問題などにおいて、問答やディベートの形式を用いて議論を深め、より高次の解決策に至る経験をさせる

○ これらの学習活動の基盤となるものは、数式などを含む広い意味での言語であり、その中心となるのは国語である。しかし、だからといってすべてが国語科の役割というものではない。それぞれに例示した具体の学習活動から分かるとおり、理科の観察・実験レポートや社会科の社会見学レポートの作成や推敲、発表・討論などすべての教科で取り組まれるべきものであり、そのことによって子どもたちの言語に関する能力は高められ、思考力・判断力・表現力等の育成が

効果的に図られる。

　このため、学習指導要領上、各教科の教育内容として、これらの**記録、要約、説明、論述といった学習活動**に取り組む必要があることを明示すべきと考える。

　平成20年答申には、「学習指導要領改訂の基本的な考え方を踏まえ、今回の改訂で充実すべき重要事項」について示されており、「子どもたちの思考力・判断力・表現力等をはぐくむためには、レポートの作成や論述といった知識・技能を活用する学習活動を各教科で行い、言語の能力を高める必要がある。」として、その第一に、各教科等における言語活動の充実が挙げられています（p.53、太字下線は引用者）。

　○　各教科等における言語活動の充実は、今回の学習指導要領の改訂において各教科等を貫く重要な改善の視点である。

　　それぞれの教科等で具体的にどのような言語活動に取り組むかは8.「各教科・科目の内容」で示しているが、国語をはじめとする言語は、知的活動（論理や思考）だけではなく、5.（7）「豊かな心や健やかな体の育成のための指導の充実」の第一 で示したとおり、コミュニケーションや感性・情緒の基盤でもある。

　　このため、国語科において、これらの言語の果たす役割に応じ、的確に理解し、論理的に思考し表現する能力、互いの立場や考えを尊重して伝え合う能力を育成することや 我が国の言語文化に触れて感性や情緒をはぐくむことを重視する。具体的には、特に小学校の低・中学年において、漢字の読み書き、音読や暗唱、対話、発表などにより基本的な国語の力を定着させる。また、古典の暗唱などにより言葉の美しさやリズムを体感させるとともに、発達の段階に応じて、**記録、要約、説明、論述といった言語活動**を行う能力を培う必要がある。

　上記引用の平成20年答申の中で、p.26では「学習活動」と表記してあるものが、p.53では「言語活動」とされていることが注目されます。言語活動の充実を図るには、各教科等における言語を対象化した学習活動が重要なことは、言うまでもありません。数式などを含む広い意味での言語により、思考したり判断したりしたことを評価し熟考して、表出することに意味があります。

　文部科学省は、言語活動の充実に向けて「言語活動の充実に関する指導事例集〜思考力、判断力、表現力等の育成に向けて〜」【小学校版】（平成23年10月）【中学校版】（平成24年6月）【高等学校版】（平成26年2月）を出しています。そこでは、次の指摘をしています（小・中・高ともにp.6）。

　　これらの学習活動の基盤となるものは、数式などを含む広い意味での言語であり、言語を通した学習活動を充実することにより「思考力・判断力・表現力等」の育成が効果的に図られることから、いずれの各教科等においても、記録、要約、説明、論述などの言語活動を発達の段階に応じて行うことが重要だとしている。

　さらに、【小学校版】【中学校版】では、次の指摘もしています（p.6）。

　　また、先述の通り、我が国の子どもたちにおいては、引き続き解釈、熟考、評価といったプロセスに課題があること（平成21年（2009）PISA 調査結果）から、各教科等の目標の実現のために言語活動の充実が必要であることを再確認したい。

　言語活動の充実は、言語活動を通して各教科等の「思考力、判断力、表現力等」の資質・能力の育成を図るものであり、それは、PISAの提起する「読解力（Reading Literacy）」に繋がります。PISAの「読解力（Reading Literacy）」は、2008・2009（平成20・21）年告示の学習指導要領、さらに、2017・2018（平成29・30）年告示の学習指導要領で重視している「思考力、判断力、表現力等」の育成にも、基本的な考え方として、大きな影響を与えています。

第3章

「読解力」
(Reading Literacy)
の本義

1 | 第一層の「読解力」

（1）第一層の「読解力」とは

　「読解力」とは、一般に「文章を読み解く力」であると理解されています。これまでの国語の授業、ひいては学校教育においても、それは同様であると言って良いでしょう。

　「読解」とは、読んで字のごとく、対象とする文や文章を「読み解く＝理解する」ことです。手元の国語辞典には「文章を読んで，その意味・内容を理解すること」（新明解国語辞典第八版）と記されてもいます。故に、「読解力」といえば、対象とする文や文章の内容を理解する（ための）力であるとの捉え方が一般的と思われます。

　文や文章の内容を理解することが目的だとすると、「読解」における書き手（発信者）と読み手（受信者）の関係はシンプルです。読み手にとっては受信内容そのものが「読解」の対象であり、情報の受け取り方が問われます。「読解」とは、「発信された内容を、発信者の意図に沿って、その意を外すことなく受け取ること」になります。「読解力」として「正しく理解する力」「正しく解釈する力」が求められるのはそのためであり、「読解力」についてこのような捉え方をすることは、ごく自然なこととして広く共有されていることでしょう。

　「読解」をこのように捉えた場合、読み手としては、受信した内容を発信者の意図どおりに理解することができれば、自らの（読み手としての）主体的な思考や判断、表現にまで至らなくても、「読解」という行為は完結することになります。そこに読み手のコンテクスト（Context：体験や経験の文脈）の介入する余地はありません。「Input → Output」、すなわち「受信した内容を、書き手の意図に沿って（そのまま）表出する」ことによって、この「読解」という行為は成立するのです。

　これは「読解」という行為の基盤となる部分です。ここで読み手は、書き手が発信した内容をInputすることと、それをそのままOutputすることが求められます。学校教育においては、教えられた内容をそのまま「受け容れ」そのまま「表出する」という行為が重要視されてきました。これは、いわば「受容としての読解」とも言えましょう。つまり、重要視されているのは、「発信された内容を、発信者の意図に沿って、その意を外すことなく受け取り、それを（そのまま）表出する」力ということになります。これを第一層の「読解力」とします。

　この第一層の「読解力」では、発信された文や文章の内容を対象として、それらを「正しく理解」し「正しく解釈」することができているかということ（のみ）が問われるのです。「正しく理解」し「正しく解釈」するとは、「書き手（発信者）が対象となる文や文章でどのようなことを伝えたいか」を捉えること、言い換えると「(対象となる文や文章において)言葉と言葉、文と文との関係が、どのように構成されているか」を捉えることです。例えば、国語科では、文や文章の内容の理解、算数科や数学科では、文章題の内容の理解がそれに相当します。

　この第一層の「読解力」の育成は、これまでの学校教育においては、特に国語科の授業を通して行われてきました。読み手がそれぞれのコンテクストに基づいて文や文章を読むのではなく、それらを書いた書き手のコンテクストに沿って「正しく」読み解くということのみが求められています。例えば、国語の授業において「本文中のどこに書かれているか」「本文中のどこからそのことが言えるのか」等と問い掛け、本文中の該当箇所や語句等を指摘させるのは、文や文章に書かれていることを根拠として抜き出したり取り出したりすることが「正しく」読み解くことであるとされ、求められているからでもあ

ります。そのことを象徴的に表しているのが、「（文や文章を）正確に読む」や「正解」といった言葉だと言って良いでしょう。

　小学校の算数でも、文章として提示されている問題を「正確に読む」ことによって「正解」にたどり着くことができます。また、どの教科においても、「正しく読む」ことができているか否か、その正誤の判断がペーパーテストによって行われています。このように、学校教育において、学力としての「読解力」の育成を図るにあたっては、発信者が意図したことを「正確に受容する」ことが重要とされてきました。受験学力としてこれまで重視されてきた「読解力」も、その多くは同様のものであると言えましょう。

　「正しく理解する」「正しく解釈する」とは、書き手が書いた文章の趣旨や主旨を正確に把握するということです。

　このこと自体は、たいへん重要です。「読む」という行為において、対象を理解することは「読解」の第一段階、まさに「はじめの一歩」でもあります。ここで必要な能力として、第一層の「読解力」の意味があるのです。

　第一層の「読解力」における Output とは、受信者として理解・把握したことを、その内容が分かるように「説明」として表出することを指しています。

　「説明」には、次のような学習上の機能があります。

　・理解したことを他の人に「説明」するためには、より深い理解が必要となります。
　・「説明」するためには、理解した内容を自分なりに言語化する（数式や化学反応式も言語）ことが重要となります。
　・「説明」のための言語化の過程において、理解した内容の定着が図られます。

　Input した内容を理解し、「説明」として Output することにより、「読解」という行為が成立しているか否かが分かります。そこでは、「説明」することによって、Input した内容を「正しく理解する力」「正しく解釈する力」、すなわち「読解」という行為の基盤としての第一層の「読解力」が問われることになるのです。

　例えば、ペーパーテストにおける「次の説明として最も適切なものを選びなさい」「〜について説明しなさい」等の問題が問うているのは、まさにこうした「読解力」のことだと言えるでしょう。

　ただし、見方を変えると、こうしたテストで測っている能力は、第一層の「読解力」に過ぎないということでもあります。一般に言われている「読解力」とは、Input の対象を「正しく理解する力」「正しく解釈する力」、すなわちこの第一層の「読解力」を指している場合が殆どと言って良いのではないでしょうか。

　【第一層の読解力】を図にすると、以下のようになります。

（2）第一層の「読解力」をどのように育成するか

　先にも述べましたが、第一層の「読解力」の育成は、主として学校の国語の授業を通して行われます。国語の授業では、対象となる文や文章の組み立て、構成や構造と内容の把握をどのように行うかを、小学校一年生から発達段階を考慮しつつ指導し、対象となる文章の内容を「正しく理解」したり、「正し

く解釈」したりすることを求め、「読解力」の育成を図っています。

　一口に「読解力」と言っても、小学校1年生の「読解力」と大学4年生のそれとが大きく異なること
は、言うまでもありません。また、当然ですが、個人差というものもありますし、年齢や発達段階によっ
ても「読解力」は異なるのです。

　「読解力」の育成は、これまでも、国語の授業を通して、児童生徒の発達段階に合わせて行われてき
ています。それぞれの発達段階で育成すべき資質・能力の内容は、ほぼ10年毎に改訂されている学習
指導要領に示され、その学習指導要領に準拠して作成された教科書を主たる教材とした授業を通して育
成が図られてきました。ただし、国語の教科書には、学習指導要領が求める資質・能力とはこういうも
のだということが直接的に示されている訳ではありません。各教科書に掲載された教材としての文章等
を読む、或いは設定された課題等に取り組むことを通して育成が図られるのです。各教科書に取りあげ
られている教材は、教科書ごとに異なっています。同じ学習指導要領に準拠していると言っても、それ
ぞれの編集方針等は異なっているために、いくつかの文学作品を除けば、まったく同じ教材が掲載され
るということは、ほぼありません。

　「読解力」の習得過程もまた、一様ではありません。スポーツ等でも同様ですが、一度の学習で知識
や技術・技能を習得できることは稀です。何度も繰り返したり、練習法を工夫したりして徐々に身につ
けていくということが多いでしょう。そしてこの過程は、一人一人異なっており、全く同じ過程をたど
る人はいないと言って良いでしょう。

　小学校と中学校では、1958（昭和33）年の告示以降、全国どこの学校でも一定の水準が保てるよう（教
育の機会均等を保証するため）、学習指導要領において各学年で身に付けるべき内容が教育課程として
示されてきました。

　2017（平成29）年告示の小学校・中学校学習指導要領、2018（平成30）年告示の高等学校学習指導
要領では、学校教育を通して育成すべき資質・能力が、教科及び科目の目標と、〔知識及び技能〕及び〔思
考力、判断力、表現力等〕から構成された内容として整理され、教育課程として示されました。

　小学校と中学校では、学習指導要領に示された「目標」と「内容」とが、育成すべき資質・能力とし
て、各学校における教育課程の根幹を成すことになります。

　高等学校では、学習指導要領を基に、各学校の設置の趣旨や生徒のスクールミッション、スクールポ
リシー等[1]の実態に合わせて各学校で教育課程を編成し、育成すべき資質・能力を決定します。

　国語科で育成すべき資質・能力としての第一層の「読解力」の育成には、学習指導要領国語の〔知識
及び技能〕の内容として示されている「言葉の特徴や使い方に関する事項」についての指導等も含まれ
ます。

　「読解力」の中心に位置づけられるのは〔思考力、判断力、表現力等〕の「話すこと・聞くこと」「書
くこと」「読むこと」に示された各領域の事項を通して育成すべき資質・能力であり、それを、言語活
動を通して指導し、育成を図ります。

　「読解力」を育成するためには、読書を多く行うことが重要とも言われます。

　一つの文章を繰り返し読むことが大切なのは言うまでもありません。また、様々な文章を読むことの
効果が指摘されることもありますが、それも大切だと思います。ただ、それらが「読解力」の育成に直

1　スクールミッション、スクールポリシーの必要性については、中央教育審議会初等中等教育分科会 新しい時代の初等
中等教育の在り方特別部会 新しい時代の高等学校教育の在り方ワーキンググループ「新しい時代の高等学校教育の在り方ワー
キンググループ（審議まとめ）～多様な生徒が社会とつながり、学ぶ意欲が育まれる魅力ある高等学校教育の実現に向け
て～」（令和2年11月13日）を参照してください。

接的に関わっているかと問われれば、その因果関係ははっきりとしていない、というのが本当のところではないでしょうか。スポーツと同様、練習等によって資質・能力の育成を図ることは、間違いではないと考えます。同じ練習を繰り返すこと(反復練習)で、技術・技能の習熟を図るという方法もあり得ると思います。また、同じ練習を繰り返すのではなく、様々な質やレベルの異なる練習を行うことも必要だと思います。

　読書によって多くの文章に触れていると、「読む」という行為が習慣化され、文章に触れることへの抵抗が少なくなります。内容は様々であっても、文章を繰り返し読むことは文章を読み慣れることにつながります。読み慣れるということは、文章の内容を理解する資質・能力の育成につながります。多くの文章を読むようになると、語彙も豊かになります。様々な文章に接することで、それぞれの表現の違いを認識するとともに、表面的な表現の差だけではなく、書き手のものの見方や考え方の把握も行われます。

　読解力の育成に「読書をすると良い」と言われる所以は、このInputを如何に行うかに関わっています。「読解力」を育成するには、多くの文章を読むことと同時に、一つの文章を精査しながら読むことも求められます。様々な文章を対象とし、「読むこと」に向き合うことが、Inputとしては重要なのです。

　ところで、「読解力」というと、どうしても「読むこと」に意識が向けられますが、「読むこと」だけで「読解力」の育成を図ることは難しいと考えます。「書くこと」を通して、書き手の立場や書き方を意識することによって、より充実した「読解力」の育成を図ることができるのではないでしょうか。

　第一層の「読解力」におけるInputの資質・能力の育成を図るには、例えば、優れた文章を書き写すことも有効です。もちろん、要約やまとめをすることも大切ですが、文章をそのまま、一字一句間違えずに写すことを根気強く行うことにも効果が期待できます。文章を写すことが、文体や構文について理解したり身に付けたりすることにもつながります。そのことを「視写」または「写読」と言います。

　昨今、新聞等のコラムを視写するという実践報告をよく見るようになりましたが、中学生や高校生でしたら新聞の社説を写すことを勧めます。社説の特徴は、分量が一定で、主張や論理展開が明快な点にあろうかと思いますが、そうした点が視写（写読）に適していると思われます。小学生ですと、国語の教科書の説明的文章や小学生用の新聞の文章を書き写すことにも効果が期待できます。国語科以外の教科書の文章を写すのも良いでしょう。頻度としては、週1回程度ではなく、週に2～3回行うようにすると。数ヶ月で効果が見られた事例もあるようです。文章を繰り返し声に出して読むということにも効果はありますが、対象となる文章の内容をきちんと理解するためには、書き写すことの方が効果が大きいと考えます。

　学校の国語の授業では、内容理解を目的として、読む対象となる文学作品や説明的な文章、論理的な文章の全体を、語、句、文、段落、文章と積み上げられたものとして捉え、細かく分析的に読んでいくということが行われます。特に、説明的な文章や論理的な文章においては、文章を段落に分けて分析することによって、文章の内容や構成、筆者のものの見方や考え方を理解しようとすることがあります。例えば、小学校の国語の授業で、文章の形式段落ごとに番号を付し、段落相互の関係を把握させたりすることがありますが、そうした授業では、段落相互の関係や文章の構成を基に、文章全体を積み上げられた結果として捉え、内容把握を行おうとしています。しかし、読む対象を分節して内容理解を行おうとすると、結果的に文章全体の内容把握が難しくなってしまうという場合があります。

　文章全体を段落ごとに細分化して分析的に読むということは、学校の国語の授業の中だけで行われていることであって、日常生活の中で何かを「読む」という場面では、殆ど行われていないことではないでしょうか。文章の内容を理解するには、分節された細かな部分を分析的に読み進めていくことが必要

な場合もありますが、対象となる文章全体を俯瞰的に捉え、全体像を把握し理解していくことも必要ではないかと考えます。

　「読解力」の育成では、どのようなものをInputの対象として取り上げるのが良いかは、一人一人の児童生徒によって異なるということを前提と考えなければなりません。「読解力」の育成に、一律の方法は無いと考えます。しかも、短い時間の中で、育成することは容易ではありません。児童生徒一人一人の成長に合わせ、十分な時間をかけ、着実に身に付くよう図る必要があります。

　また、一人一人の児童生徒が、理解や表現のための語句を増やし、語感を磨き語彙を豊かにすることも重要となります。こうしたことは、児童生徒一人一人の成長の過程の中にあり、短期にその育成を図ることは難しいものです。小学校、中学校、高等学校での授業や生活を通して次第に身についていくものです。そこに、学校教育が関わり、分けても国語の授業によって、資質・能力として次第に育成されるよう図ることが大切と考えます。

　第一層の「読解力」の育成を図るには、国語の授業だけではなく、家庭教育における「読み聞かせ」も重要です。幼児期から小学校低学年までの間に読み聞かせを行うことによって、子どもの「読む」ということに対する意欲が高まるということが言われています。それは、Inputをする資質・能力の育成を図ることにつながります。

　読み聞かせを行う際、読み聞かせの途中で、大人が子どもに「問いかけ」をすることも、Inputの資質・能力の育成を図るためには効果があると言われています。読み聞かせの途中で、「なぜかな？」「どうしてだと思う？」といった本の内容に関わる問いかけをしたり、会話を交わしたりすることで、子どもは内容について考えることとなり、読みが広がったり深まったりします。それが第一層の「読解力」の育成を図ることにもつながるのです。PISAの「読解力（Reading Literacy）」が高いとされているフィンランドでは、読み聞かせの際に「Miksi？（＝なぜ？）」と子どもに問いかけ、理由や根拠、意見等を言わせることを保護者が行っています。

（3）第一層の「読解力」とリーディングスキルテスト（RST）

　「読解力」と言うと、「文の構成や文章の構造の理解が正確に行われるか」ということのみを対象にしている場合が少なからずあります。「読解力」は「正しく理解」し「正しく解釈」するためのスキルのこと（のみ）を指すという捉え方と言っても良いでしょう。

　例えば、新井紀子氏は「基礎的・汎用的読解力を測るテスト」（リーディングスキルテスト、以下RST）において、このいわば受容のための「読解力」について、「事実について書かれた短文を正確に読むスキル」（pp.025-026）と定義をした上で、次のような分析を行っています。（『AIに負けない子どもを育てる』東洋経済新報社　2019年）

①係り受け解析……文の基本構造(主語・述語・目的語など)を把握する力
②照応解決……指示代名詞が指すものや、省略された主語や目的語を把握する力
③同義文判定……2文の意味が同一であるかを正しく判定する力
④推論……小学6年生までに学校で習う基本的知識と日常生活から得られる常識を動員して文の意味を理解する力
⑤イメージ同定……文章を図やグラフと比べて、内容が一致しているかどうかを認識する能力
⑥具体例同定……言葉の定義を読んでそれと合致する具体例を認識する能力

また、このRSTの妥当性と信頼性について、次のように述べています（pp.129-130）。

> まず、RSTで測ろうとしているのは「基礎的・汎用的読解力」です。RSTで出題できるのは、事実について書かれた170文字程度の短文と簡単な図だけです。残念ながらRSTでは、段落や文章全体を「読解」した上で、その内容を理解できたか、というような問題を出題することはできません。ですから短文の正確な読解と、長文の読解が異なる能力ならば、RSTでは長文読解力は測れない、あるいは相関はあるが、RSTだけでは十分ではない、ということになるでしょう。また、文学作品の主人公の心情や、評論の書き手の意図を理解することが短文の正確な読解とは異なる能力ならば、RSTでは心情理解力や書き手の意図理解力は測れない、ということになります。
>
> 一方で、事実について書かれた短文を正確に読むことができないのに、なぜか事実について書かれた長文は正確に読める、ということは考えにくいですね。ですから、事実について書かれた長文の読解に欠かせない「基礎的・汎用的読解力」の重要な部分だとはいえるでしょう。

RSTは、「あくまでも診断ツール」（p.169）として、「読解力」の測定を行っています。PISA型「読解力」で注目された、図・グラフ・表などの「非連続型テキスト」を読解の対象とした「⑤イメージ同定」について診断する内容は含まれているものの、文や文章をいかに正確に読み取るか、対象としての文や文章の内容を受容できたか否かを問うものに限定しています。このRSTは、第一層の「読解力」を測定するテストであると言えましょう。

（4）第一層の「読解力」の習得の意味

これまで、日本の学校教育、特に、国語の授業や国語のテストで求められてきた「読解力」とは、ここに述べてきたような、対象となる文や文章を「正しく理解する力」「正しく解釈する力」を指していました。ペーパーテストでは、対象となる文や文章を「正しく理解する力」「正しく解釈する力」の測定が行われています。

「読むこと」において大切なのは、まず「正しく理解する」「正しく解釈する」ことに機能する第一層の「読解力」であると言えましょう。故に、それは、学校教育において育成しなければならない基盤となる資質・能力の一つとして数えられているのです。

ただ、この測定で好結果を出す「読解力」がもたらす「読み」というのは、「受容」という枠組みの中に閉ざされた「読み」でしかない、ということはないでしょうか。書き手が書き、読み手が読むという方向性のベクトルで「正しく理解」し「正しく解釈」する力というのは、「伝達」には機能するものの、主体としての「読み」が認められない「受容」としての「読み」にとどまる「読解力」であるとも言えましょう。

また、例えば文学作品の解釈のように、唯一絶対の正解というものがそもそも定め難い場合には、「正しい理解」「正しい解釈」ということ自体が成立しないのではないかという考え方もあるでしょう。文学作品では、書き手のコンテクストと読み手のコンテクストの対話の中で、読みが行われます。読者論[2]的に言ってしまえば、そこには「読み手の数だけ読みがあ」り、多様で多義的な読みが行われていると

---

2 読者論：1980年代から展開した国語科教育における文学教育理論。ヴォルフガング・イーザー著、轡田収訳『行為としての読書』（岩波書店1982年）に起因した、文学教育における「読むこと」への問い直しの論議。

も言うことができます。

　文学作品が入試問題として出題された折に、テレビ番組等の企画として、実際の作者に入試問題を解いてもらっても正解することができないというような取り上げ方をされることがあります。試験問題で読むことの資質・能力を判断しようとする場合、そこには物語や小説の作者が考えていることとは別に、試験問題の作製者が求めている「答え」というものがあって、そこに合致したものが正解とされるということになるからです。それ故、物語や小説の作者が考えていることと、入試問題の正解例とは、異なることがままあります。

　多様で多義的な読みというものは入試では求められていない、ということが受験指導の場面ではよく言われます。つまり、多様で多義的な読みというものは、入試問題の「読解」では求められていない、ということになります。だとすれば、入試問題で求められているのは、試験問題作成者が作成した問いを「正しく理解」し「正しく解釈」し、試験問題作製者の意図に沿って求められた解答を導き出すということになるのかもしれません。

　ただ、あまりに当然のことですが、第一層の「読解力」は、入試に必要だから大切だということではありません。文や文章に何が書かれているかということについて、その理解の正確性が問われる場面は、日常生活のいたるところに存在します。そこでは、書き手の意図を「正しく理解」し「正しく解釈」することが確実に求められます。

　そうした場面で重要なのは、文や文章を構成する語や用語という構成要素の関係把握です。そのためには、言葉と言葉がどのように関わっているか、その関係を意識し、その関わり方を考えながら読むことが必要です。特に、長い文章では、関係を意識すべき言葉と言葉が必ずしも近くにあるとは限らず、距離を置いて表現されている場合や、複雑に絡み合って表現されている場合もあり、それらを的確に把握する能力が「読解力」として求められます。文や文章に用いられている言葉に留意しながら、語と語、文と文、段落と段落等の関係を確実に把握することが、「正しく理解する力」「正しく解釈する力」として重要となるのです。

2 ｜ 第二層の「読解力」

（1）第二層の「読解力」とは

　PISA調査で求められた「読解力（Reading Literacy）」は、先にも述べましたが、文部科学省「読解力向上プログラム」（平成17年12月）に、PISA型「読解力」として、次のように整理されています（p.2）。

①テキストに書かれた「情報の取り出し」だけではなく、「理解・評価」（解釈・熟考）も含んでいること。

②テキストを単に「読む」だけではなく、テキストを利用したり、テキストに基づいて自分の意見を論じたりするなどの「活用」も含んでいること。

③テキストの「内容」だけではなく、構造・形式や表現法も、評価すべき対象となること。

④テキストには、文学的文章や説明的文章などの「連続型テキスト」だけでなく、図、グラフ、表などの「非連続型テキスト」を含んでいること。

　PISA調査において、読み手は、文章のほかに、表や図、グラフなどからも制作者の意図を読み取ることを求められます。作成者が表や図、グラフとして表出した意図を受信して、「取り出す」こと、そして情報の取り出しだけにとどまらず、理解・評価（解釈・熟考）も含めて「読解力（Reading Literacy）」であるとされているのです。

　つまり、ここでは、テキストから取り出した情報を受容（Input）し、読み手のコンテクストに依拠して思考・判断・創造を加え（Intake）、理解したり評価したりした内容を発信（Output）することが求められるのです。

　第一層の「読解力」が受信して発信する（「Input→Output」）というシンプルなプロセスであったのに対し、PISA調査では、まずInputにおいては対象から情報を「取り出す」ことが求められます。Inputの対象は、連続型テキストだけではなく非連続型テキストをも含みます。また、対象から取り出した情報をそのまま受け容れるのではなく、読み手のコンテクストを基に対象となるテキストとの対話を通し、理解・評価（解釈・熟考）する必要があります。

　この「Input（受信・受容）→Intake（思考・判断・創造）→Output（発信・提示）」というプロセス。このプロセスが第二層の「読解力」です。

　このプロセスでは、Intakeが最も重要になります。ここではInputした内容の相対化が図られますが、ここに一人一人のコンテクストが関わるのです。

　「情報の取り出し」だけが求められるのであれば、第一層の「読解力」でも可能かもしれません。しかし、文部科学省の言うところのPISA型「読解力」は、上記①にあるように「理解・評価」（解釈・熟考）も含んでいることと整理されています。そこには、「情報の取り出し」（受信・受容）だけではなく、情報を取り出した後、テキストとの対話を通して、その内容を自己のコンテクストを基に相対化し、理解することが求められます。さらに、それらを活用するために調べるなどして（解釈・熟考）、自分の意見を論じたりすることができるようにし、さらに、それを他者に説明することも求められます。

　このプロセスでは、Inputで取り出した情報やものの見方・考え方を、Intakeで自己のコンテクスト基に相対化し、理解したり判断したりした内容を、Output(表出)することで、他者に自分の見方や考え方を伝えることになります。そこに一人一人の異なる「読解」が認められます。

　一人一人のコンテクストは、それぞれの体験や経験によって異なりが生じます。それ故、それぞれのIntakeに差異が生じることもあります。また、同じ対象と向き合った場合でも、その読解には同質性がまるで認められない、というようなことが生じ得ます。従って、第二層の「読解力」では、（発信者の意図を理解しようとする）読解ベクトルの方向性は第一層の「読解力」と同じであっても、一人一人の読み手が自らのコンテクストを基にテキストとの対話を行うため、そこにはずれや異なりが生じることになります。ただ、それ故、そこには一人一人異なる「主体的な読解」が成立するとも言えるのです。

　第一層の「読解力」では、Inputにおいて「受信・受容」という、ある意味閉ざされた枠組みの中での「読み」となるのに対し、第二層の「読解力」では、Inputにおいて「取り出し」た情報をIntakeする。つまり、読み手としての主体が、「読解」の対象となるテキストに向き合う際に、読み手自身のコンテクストを関わらせることになります。「読解」とは、読者が単に文字を見ることではなく、テキストとの対話による深い思考を行うことです。それが、Intakeです。このIntakeが、第二層の「読解力」では重要となるのです。

　Intakeが機能する第二層の「読解力」では、一人一人のコンテクストが異なることを前提としたうえで、テキストのみならず「自分以外の他者、直面した状況などの多岐にわたる『相手』の意図を読み取ろうとするのでなければ、相手との関係性の中での「読解」を成立させることはできません。

学校の国語では、一人一人のコンテクストが異なっていることを前提に、第二層の「読解力」の育成を図る授業が行われることがあります。授業の対象となる教材文に対して、第一次の感想（初発の感想）をとることから始まる授業です。これは「読むこと」の指導で散見される手法ですが、理解の程度や把握している内容というのは、読み手の読み方によって異なるので、初発の感想を基に児童生徒の「読解」内容を教師が把握し、それを基に授業づくりを行います。授業の終了時には、授業の初めに理解していた内容がどのように「変容」したかを見るために、第二次の感想を求める場合もあります。授業を通して教室の他の児童生徒と関わらせながら、一人一人のコンテクストを深めたり広げたりすることを行う協働的な学びを通して、教材文に対する「読解」を深め広げていくことが行われます。そこに、国語の授業におけるIntakeの意味があります。

　このような授業は、戦後の国語の授業で行われてきた授業でもあります。ただ、一人一人のコンテクストを基に、その「変容」が図られればよいとして、そのことのみで終わってしまうような授業実践もありました。

　国語の授業では、「Input → Intake → Output」というプロセスを、第二層の「読解力」として意識することが大切です。学び手が、テキストから取り出した情報を受容（Input）し、自らのコンテクストに依拠して思考・判断・創造を加え（Intake）、理解したり評価したりした内容を発信（Output）するというプロセスを、資質・能力として育成することが求められています。

　例えば、古典（古文や漢文）を学ぶ場面では、このプロセスが重要であることがよく分かります。

　小学校で古典を学ぶとき、読む対象となる古文を音読することが行われます。ここで意識されているのは「Input → Output」という第一層の「読解力」だと言えるでしょう。古文の内容を理解して音読するというより、まずは音読を繰り返すことにより、次第に内容を理解することになります。

　中学校になると、現代語によって古典の内容理解を図ります。教科書にも古文と共に口語訳が掲載されています。生徒は、口語訳を利用して古典の世界をIntakeし、古典の世界と現在の自分との対話を図ります。

　高等学校の古典の授業では、古典文法を知識として習得し（一部に、助詞・助動詞を中心とした文法事項の暗記にとどまっているような授業もあるようですが、それはたいへん残念なことです。）、身につけた知識を活用して古文・漢文を解釈し、その解釈を通して内容の理解を図ることが行われています。

　また、内容の理解にとどまらず、古典の世界を対象としたIntakeにおいて、現在の自分と対話することにより、古典の世界と現代の社会との言語文化の相違を認識することが求められます。ここに、第二層の「読解力」としての「Input → Intake → Output」が機能します。それは、古典文法を通して古典に描かれている内容を解釈するだけではなく、我が国の伝統や文化が育んできた言語文化を理解し、享受することにより継承し、一人一人が社会と自分との関わりの中で諸活動に生かす資質・能力の育成を図り、Outputとして言語を用いて行動する主体として表出するからなのです。

　【第二層の読解力】を図にすると、以下のようになります。

Input	Intake	Output
受信	思考・理解	判断・発信
取り出す	摂取し解釈する	表出する

(2) 第二層の「読解力」をどのように育成するか

　第二層の「読解力」では、テキストの形式として、PISA2000調査で示されている連続型テキストとともに、非連続型テキストも対象とします。

　PISA2000調査では、連続型テキストと非連続型テキストを、次のように説明、分類をしています。

> ○連続型テキスト
> 　文と段落から構成され、物語、解説、記述、議論・説得、指示、文章または記録などに分類できる。
> ○非連続型テキスト
> 　データを視覚的に表現した図・グラフ、表・マトリクス、技術的な説明などの図、地図、書式などに分類できる。

　PISAの「読解力（Reading Literacy）」は、読解の対象を、文や文章だけでなく、身の回りに表出され視覚的に認識できるものを「非連続型テキスト」として含めていることに、意味があります。それをどのように「読」み「解」くかが「読解力」として問われています。

　連続型テキストと非連続型テキストを対象とした「読解力」の育成では、「Input → Output」という発信された情報を読む対象としてそのまま受信するというのではなく、「Input → Intake → Output」のプロセス、特にIntakeを意識して、読む対象と関わることが重要となります。

　「Input → Intake → Output」では、主体としての読み手が、どのような情報を受信したか、Inputとして取り出した情報の内容が、問われます。取り出した内容がどのようなものであるかによって、Intakeとしての解釈は変わります。それぞれのコンテクストに依拠してIntakeした内容は、熟考・評価を通し、Outputとして表出された説明等がなければ、外から理解することはできません。したがって「Input → Intake → Output」のプロセス全体が、第二層の「読解力」ということになるのです。

　PISAのReading Literacyの内容として示されている「情報の取り出し」「解釈」「熟考・評価」の一連のプロセスを第二層の「読解力」とするとき、そのプロセスには読み手としての主体が関わらなければ、読解は成立しません。

　分かる・理解することは、Inputした内容を、他者に分かるように説明することにつながります。第二層の「読解力」では、対象となるテキストの情報を読むというInputにおける行為こそ第一層の「読解力」と同じですが、その後に続く「Intake → Output」のプロセスを、一人一人のコンテクストに基づいて説明することが求められます。

　第二層の「読解力」の育成を図るには、対象を一義的に「読解」するのではなく、Intakeにおいて、対象を多面的・多角的に捉えるためのコンテクストを各人が意識することと、OutputにおいてIntakeした内容を、自己との対話に基づいて、他者に説明（できるように）することが求められます。

　ところで、読書によって、「読解力」が高まると言われることがあります。また、「読解力」の育成に読書が有効であるとも言われます。これらは、何を言わんとしていることなのでしょうか。読書を通じて語彙力が身につくようになる。無論、そういったこともあるでしょう。ただ、ここで大切なのは、そういった目に見えて分かりやすい知識量の話ではありません。

　Intakeでは、読み手のコンテクストとテキストとの対話が機能しています。Inputされるテキストの情報と、読み手のコンテクストとが出会うことを通してIntakeが行われます。Intakeを行うに際し、

読み手の経験や実体験が少なく、コンテクストが貧弱である場合、どうしても「読解」の質・内容は浅くなります。ですから、読書をすることは、読み手のコンテクストの充実を図るという意味で重要なのです。読書をすることは、読み手がIntakeを行うに際して機能させるコンテクストの広がりや深まりを図ることにつながります。読書をすることによって、読解力が身につくと言われる所以は、ここにあるのです。

（3）情報化時代の「読解力」

①生成AI（Generative AI）と「読解力」

　2022年11月、質問を入力すると、AIが対話形式で答えてくれる無料のAIチャットサービス「ChatGPT」が発表され、生成される答の文章のうまさ、或いはその自然な感じが大きな話題となりました。また、2023年3月には、より性能が向上した「GPT-4」が発表されました。こちらは有料ながら、様々な企業や個人が活用するようになっています。

　そこで、試みに「『読解力』とは何か、教えてください。」とPCに2回入力してみました。回答は、次のように、異なったものが示されました。（https://chat.openai.com/chat）

＜1回目＞

　文章中の言葉や文脈、構造、意図などを正確に理解し、そこから論理的な判断や推論を行う能力を指します。また、読解力には、読んだ内容を自分の言葉でまとめたり、要約したり、批評したりする能力も含まれます。

　読解力は、さまざまな分野で重要なスキルとなっており、学校や職場での課題や、日常生活での情報の理解に必要な能力となっています。読解力が高い人は、情報を正確に把握し、問題解決や意思決定に役立てることが出来るため、社会において有利になることが多いです。

　読解力は、多くの場合、練習によって向上することが出来ます。読書や新聞・雑誌の記事などを読むことで、文章を理解する能力を養うことが出来ます。また、自分で書いた文章を読み返すことで、自分の文章についての理解を深めることも出来ます。

＜2回目＞

　「読解力」とは、ある文章やテキストを読み、その中から意味を理解し、内容や情報を処理する能力です。つまり、読んだテキストの意味を正確に理解し、その内容を要約・整理することが出来る能力のことを指します。

　読解力には、以下のようなスキルが必要です。

1. 語彙力：文章中に出てくる語彙や表現を正確に理解することが出来る能力。
2. 文脈理解：文章の背景や文脈を把握することが出来る能力。
3. 推論力：文章中に書かれていないことを推測することが出来る能力。
4. 構造理解：文章の構造や論理的なつながりを理解することが出来る能力。
5. 意味理解：文章の意味を正確に理解することが出来る能力。

　これらのスキルを総合的に駆使して、文章を読んだり書いたりすることができるため、読解力は言語能力の中でも非常に重要なスキルのひとつです。

示された2つの回答は、それぞれ「読解力」の内容としては、うなずけるものです。どちらの回答も、Inputされている情報を、処理し、構成してIntakeをとおしてOutputする過程を含んだものになっています。

＜1回目＞の回答には、「論理的な判断や推論を行う能力」や「読んだ内容を自分の言葉でまとめたり、要約したり、批評したりする能力も含まれます」とあり、Intakeの過程が含まれています。＜2回目＞の回答においても、「2．文脈理解：文章の背景や文脈を把握することが出来る能力」「3．推論力：文章中に書かれていないことを推測することが出来る能力」というIntakeの過程が「読解力」の説明に含まれています。

ただし、「ChatGPT」の生成する回答には誤りが多いという指摘も数多くあり、学生に対して「ChatGPTを使いこなすには、相当の専門的な知識が必要であり、回答を批判的に確認し、適宜修正することが必要です。また、既存の情報にない新しい知見に関する分析や記述はできません」という注意喚起を行っている教育機関もあります。(「生成系AI（ChatGPT, BiAI, Bard, Midjourney, Stable Diffusion等）について」東京大学 太田邦史2023.4.3)

だからというわけではありませんが、例えば、上記の回答がInputとして受容した内容であったとすれば、Intakeとして考えたり判断したりする時には、批判的思考力（Critical thinking）を働かせ、機能させる必要があります。

AIがどれだけ発達しても、それを用いるには、しっかりとした知識が必要であることは言うまでもありません。知恵としての人間の思考や意志が深く関わらなければ、単なる情報の処理に過ぎなくなってしまうのではないでしょうか。「読解力」(Reading Literacy)における「Input→Intake→Output」というプロセスの重要性がそこにはあると考えます。

ちなみに、「ChatGPT」では、検索した＜1回目＞＜2回目＞の回答に「Input→Output」としての「正確に、理解する」が、共に含まれています。「読解力」には、Inputが重要であることは、言うまでもありませんし、Inputした内容を相手に分かるようにOutputすることも重要です。また、「ChatGPT」が回答した「読解力」では、単に「Input→Output」のみでなく、Intakeも問われるようになっています。

このことは、「ChatGPT」が回答を生成する基となっているデータには、既に「読解力」の捉え方の変化を認めることができるということを意味しているのではないでしょうか。ただし、「ChatGPT」が示している「読解力」は、第二層の「読解力」の位相にとどまっていると言えましょう。

②生成AI（Generative AI）への対応

これからの社会では、生成AIが有効に機能する状況が生まれつつあります。生成AIを如何に使用するかが、今日、問われています。

生成AIの使用で最も有効なのは、既成事実や既成概念の確認ではないでしょうか。例えば、文章の要約は、生成AIの使用により、効率よく行えるようになります。

生成AIの強みは、いわば、第一層の「読解力」のInput（受信）とOutput（発信）にあると言っても良いでしょう。そこに求められているのは、「Input→Output」の読解、すなわち「情報を正確に把握」し「意味を正確に理解」することと、その内容を正確に表出することです。「情報を正確に把握」したり「意味を正確に理解」したりすることが求められる場面において、対象とする情報や意味が既成、或いは既存のものである場合、生成AIは最も力を発揮するのではないでしょうか。

これまで人間が行ってきた読解も、生成AIに行わせることで、情報の「受容」にとどまる第一層の「読解力」としての誤読は少なくなるのではないでしょうか。ただ、生成AIによる読解も、誤読が無い

とは言い切れません。生成AIによる読解を「真に受けない」ことも必要です。「読解力」における批判的思考力（Critical thinking）が問われている所以でもあります。

　生成AIには、基になるデータの真偽や倫理性といった部分に課題があります。また、その作り出す回答がもっともらしい文章表現となっていることに対する適切な判断が必要になります。虚偽や思考や判断の偏りや思い込み、不適切表現などの倫理違反、著作権侵害等の危険性を有していることも、しっかり認識しておく必要があります。

　第二層の「読解力」として求められるのは、「情報を取り出すこと」です。「情報を取り出す」には、Intakeにおいて、読み手としての主体がそれぞれのコンテクストを意識しつつ、「読解」の対象となるテキストに向き合うことが求められます。生成AIを用いた「読解」においてもそれは同様です。Inputとして受容した対象（生成AIが読み解いた内容）に対し、Intakeにおいて読み手が自らのコンテクストを意識して向き合い、「問題解決や意思決定に役立て」ることを行うことになります。そこに読み手一人一人の「読解」が成立します。知識や経験、様々な視点からの問題意識を有したIntakeにより、生成AIを用いた「読解」においても、自分自身のコンテクストを基にした「読解」が成立します。

　これまでの学校教育で求められてきた「読解力」、すなわち、対象を受容する「読解」という行為が、大きく変わるかもしれません。

　生成AIを用いれば、第一層の「読解力」が求めるInputの対象を「正しく理解する」「正しく解釈する」ことは、ほぼ可能となります。「読解」した対象の真偽については不明な点が残るかもしれませんが、生成AIによる要約にはかなりの精度があると考えられます。

　ただし、生成AIの「読解」には、一人一人の人間が持つ感性が入ることはありません。したがって、Inputの対象を「取り出す」ことにおいて感性を必要とする場合（例えば、文学作品の読解等）には、生成AIによる「読解」は必ずしも有効に機能しないのではないでしょうか。

　「読解」の対象として書かれている文章に向き合うとき、論理的な文章や説明的な文章が対象であれば、生成AIを利用しての「読解」はほぼ可能であると言って良いでしょう。しかし、一人一人のコンテクストが異なる読者として文学に向き合うときなどは、生成AIの「読解」には限界があります。

　さらにIntakeでは、一人一人のコンテクストによって「読解」の内容に異なりが生じます。Inputした内容をIntakeする時にも、生成AIの「読解」は、限界があり不十分なものとなるのではないでしょうか。

　第二層の「読解力」では、「Input → Intake → Output」のプロセスを、一人一人のコンテクストに基づいて行うことが求められ、Outputにおいて個の「読解」の内容が表出されることになります。そこに、一人一人の「読解力」（Reading Literacy）の質と内容とが問われたり認められたりします。

　生成AIでは、「読解」の内容を個としての存在抜きに示す（それを一般化とは言いにくい）ことは可能ですが、「読解」という行為が、本質的には個のコンテクストを基に行われることを考えると、生成AIによる「読解」は、参考とはなるものの決して全きものではないことを承知しておくことが重要ではないでしょうか。

　生成AIの発達や進化により、これまで以上に思考力・判断力・表現力が伴う「Input → Intake → Output」のプロセス、すなわち「読解力」（Reading Literacy）の重要性は増すと考えられます。

　さらに、Inputの対象として、どのような情報を探し出し情報として何を取り出すかということに関しては、後述する第四層の「読解力」のところで示している「Search・Research → Input → Intake → Output」のプロセスも必要となります。

3 第三層の「読解力」

（1） 第三層の 「読解力」 とは

　第一層の「読解力」の機能は、いわば受容としての「読解」であり、発信された内容を、発信者の意図に沿って、その意を外すことなく受け取ることが求められます。第二層の「読解力」では、発信された情報を読み手が取り出し、読み手それぞれのコンテクストに基づいて対象とするテキストと向き合い、テキストとの対話を通して解釈し、それを処理し、表出することが求められます。

　第三層の「読解力」では、Input において、Input の「対象」とするものに対する認識の在り方が重要となります。Input の対象となる情報を探し出し、それを処理するに際しては、まず質と信ぴょう性を評価するために、帰納的に「読解」することと演繹的に「読解」することの双方を行うこと。さらに矛盾を見つけて対処することにより、「読解」の対象に対して自分の中に深く取り込む（深い摂取）ことをしたり、解釈をしたりすることがともに重要になります。このプロセスは、生成 AI では行うことが困難です。

　【第三層の読解力】を図にすると、以下のようになります。

　第三層の「読解力」は、「読解」の対象を読み手が取捨選択して探し出し（Input）、それぞれのコンテクストに基づいて対象と向き合い、対象との対話（Intake）を通して関係や意味を理解し、テキストを評価したり、矛盾を見つけて対処したり、主体としての自己が関わって内容や形式を通して熟考したことを表出（Output）することになります。そのことは、「読解」の対象とするテキストと読み手の中に存在する読みを対象化し、読み手が自己のコンテクストを基に熟考したことを、評価や判断をして、表出することになります。

　第二層の「読解力」では、「読解」の対象を「取り出し」た後の、Intake におけるテキストを対象とした自己のコンテクストを判断の根拠としていましたが、第三層の「読解力」では、Input においても、自己のコンテクストをかかわらせることが求められます。第三層の「読解力」では、「Input → Intake → Output」というプロセスの Input、Intake、Output それぞれにおいて、対象化し「読解」した内容に対して、読み手のコンテクストを基にした価値付けや意味付けをすることが求められます。

　第三層の「読解力」は、デジタル時代の「読解力」であるとも言えます。Input が「情報の取り出し」だけではなく、「情報を探し出す」ことへ変化していることの意味もそこにあります。Input においても、Intake する情報への批判的思考力（Critical thinking）が重要となります。

　PISA 2009 年調査は、デジタル読解力の導入が図られた調査です。この時点では、プロセスの Input に相当する部分は、「情報へのアクセス・取り出し」とされていました。

・「情報へのアクセス・取り出し」…情報を見つけ出し、選び出し、集める。
・「統合・解釈」…テキストの中の異なる部分の関係を理解し、推論によりテキストの意味を理解する。
・「熟考・評価」…テキストと自らの知識や経験を関連付けたり、テキストの情報と外部からの知識を関連付けたりしながら、テキストについて判断する。

　ところが、PISA2018年調査では、「読解力の定義」とともに、「測定する能力」を、以下のように示しています。

① 情報を探し出す
　　－テキスト中の情報にアクセスし、取り出す
　　－関連するテキストを探索し、選び出す
② 理解する
　　－字句の意味を理解する
　　－統合し、推論を創出する
③ 評価し、熟考する
　　－質と信ぴょう性を評価する
　　－内容と形式について熟考する
　　－矛盾を見つけて対処する

　上記PISA2018年調査で注目されるのは「①」です。PISA2009年調査で「情報へのアクセス・取り出し」とされていたものが「情報を探し出す」となり、「テキスト中の情報にアクセスし、取り出す」だけでなく、「関連するテキストを探索し、選びだす」と変化しています。これは、情報処理能力も同時に求められるようになったということです。
　「情報を探し出す」は、単に第二層の「読解力」としての「情報の取り出し」の単なる言い換えではありません。読み手のコンテクストを基にした、「読解」の対象となる「情報」の処理能力として、取捨選択して読むことが求められているのです。書き手が伝えたいという情報を読み解き、それが何であるかを的確に判断するだけでなく、その判断に基づき、多様な情報の中から読み手が必要とする情報を探し出す、という情報処理能力も求めているのです。これは、書かれていることをそのまま引用し、「ここにこう書いてあるから」と示すことではありません。読み手として、Inputにおいて情報をどのように取捨選択したのか、その内容と質とが問われ、それが、批判的思考力（Critical thinking）につながります。
　ここでは、以下のことが求められます。
（1）情報を探し出し、取捨選択して、自己のものとして表現し、他者の納得を得ることができる。
（2）自ら求めているものを探し出し、仮説を立て検証し、自分なりの解釈を通して価値付けたり意味付けたり、矛盾を見つけて対処して、それをさらに成熟させることができる。
　Inputの「情報を探し出し、取捨選択」するとは、Inputした内容の意味の質の充実を図り、自分なりの解釈を多面的・多角的に行うことです。また、自由度の高い情報について、様々な状況や対象の中から自分で価値判断をするという情報処理能力が問われることとなります。
　Intakeでは、Inputした内容に矛盾が見つかれば対処したり多面的・多角的に検討したりして、解釈

することを通し価値判断を行い、読解の質を高めることが必要です。

　Outputでは、「Input→Intake」のプロセスを経て成熟した読解の内容を、他者を想定して、他者が理解できるように様々な表出を行います。

　第三層の「読解力」では、上記、（1）（2）を、それが「なぜ」「どうして」なのか、その理由を「説明」できることが重要です。説明には、メタ認知を通して相対化された主体としての自己を認識し、自覚化された深い思考を伴う「読解」の内容が反映されます。そのことにより、第一層の「Input→Output」という受動的な「読解」とは異なり、「Input → Intake → Output」、において、多数の情報の中から、矛盾を見つけて対処したり選択したり情報を組み合わせたりして考え、自分なりの新たな意見として発信するという能動的で論理的順序に基づいた「読解」となります。そして、「読解」した内容を単に説明するだけではなく、主体としての自分が考えたことや理解したことを、他者が理解できるように様々な内容や形式で表出します。

　池上彰氏は、『社会に出るあなたに伝えたい　なぜ、読解力が必要なのか？』（講談社＋α新書　2020年）で、PISA2018読解力の定義の「自らの目標を達成し、自らの知識と可能性を発達させ、社会に参加するために、テキストを理解し、利用し、評価し、熟考し、これに取り組むこと。」を引用した上で、次の指摘をしています（p.27）。

> 　読解力とは、テキストのみならず「自分以外の他者、直面した状況などの多岐にわたる『相手』」のことを「正しく理解する力」というものです。

そして、学びの場における読解力と限定しつつも、次のように述べています（pp.28-29）。

> 　学びの場における読解力とは、「この文章を何は何を意味していますか」などと問われたときに、文章などの事実に向き合って、相手の言おうとしていることを自分なりに一生懸命考え、正しく解釈する力です。

　池上氏が言う「読解力」は、「相手の言おうとしていることを自分なりに一生懸命考え」ているにもかかわらず、「正しく理解する力」「正しく解釈する力」とあり、一人一人のコンテクストに依拠しない第一層の「読解力」にとどまっているように思います。

　第二層・第三層の「読解力」では、読み手それぞれのコンテクストによって受信した内容の理解や解釈は異なることがあります。したがって、PISA調査は、一義的な意味での「正しく理解する」ことや「正しく解釈する」ことのみを「読解力」の定義とはしていません。「正しく」ということのみを求めるのであるならば、それは第一層の「読解力」ということになります。

　第一層の「Input→Output」、第二層、第三層の「Input → Intake → Output」の違いは、「読解」のプロセスにおける読み手（「読解」する主体）の関わり方や、読み手が何を対象として「読解」しようとしているかの意志の違いであり、それが「読解力」（Reading Literacy）の第一層、第二層、第三層として、構造的な階層性を生み出しています。

　特に、第三層の「読解力」におけるIntakeは「摂取し解釈する」という意味ですが、対象となるテキストを咀嚼して、その内容に反応し、矛盾を見つけて対処し、吟味し、熟考するという情報処理のプロセスこそが重要で、プロセスの結果としての「摂取し解釈」した内容を問うものではありません。Intakeする行為そのものに意味があるのです。そこでは、テキストのみならず、自分以外の他者、直面した状況などの多岐にわたる対象や状況と自己との関わり方が問われてきます。

（2）デジタル読解力の導入

　PISA2018年調査では読解力の定義に変更がありました。新たな定義と変更の内容は以下のとおりです。

> 　自らの目標を達成し、自らの知識と可能性を発達させ、社会に参加するために、テキストを理解し、利用し、評価し、熟考し、これに取り組むこと。
>
> ○コンピュータ使用型に移行し、デジタルテキストを踏まえた設計となったため、「書かれたテキスト」から「テキスト」に変更。（デジタルテキスト：オンライン上の多様な形式を用いたテキスト（Webサイト、投稿文、電子メールなど））
> ○議論の信ぴょう性や著者の視点を検討する能力を把握するため、テキストを「評価する」という用語を追加。

　上記では、それまでの「書かれたテキスト」を「テキスト」と改め、多様なテキストを「読解」の対象としています。書かれたものだけを対象とするのではなく、対象範囲を広げ、身の周りの全ての情報を「読解」の対象とすることへの大きな変化と捉えることができます。様々な形で存在する情報を、如何に「読解」するかが問われるようになったと言えましょう。PCやインターネット、携帯電話、AIを搭載したコンピュータ等により、加速度的に変化していく世の中の状況が「読解」の性質を変えたとも言えましょう。ただし、デジタル読解力と言っても、その対象は、デジタルテキストであり、文字化したものを「読解」の対象としています。

　テキストを「評価」するということは、「読解」のプロセスとしての「Input → Intake → Output」を、単に「受信して→思考して→発信する」と捉えるのではなく、Input 、Intake 、Outputそれぞれにおいて、多面的・多角的な「読解」を行うことにより、評価し、熟考することが重要になるということです。そして、Input 、Intake 、Outputそれぞれにおいて、「読解」した内容を言語によって様々な内容や形式で表出するという、Outputでの昇華が求められます。

　第三層の「読解力」では、「Input → Intake → Output」というプロセスこそ、第二層の「読解力」と重なりますが、Input 、Intake 、Outputのそれぞれに付与された「読解」という言葉が意味するものが異なることを意識することが重要となります。

（3）第三層の「読解力」をどのように育成するか

　第三層の「読解力」を育成するためには、「読解」の対象範囲を広げてとらえる視点や考え方が重要になります。第一層の「読解力」や第二層の「読解力」が対象としていたものより、広範囲に存する対象の「読解」を行うことのできる資質・能力の育成を図ることが求められます。第三層の「読解力」は、これまで捉えられてきた「読解」の対象範囲、枠組みを広げたり深めたりした「読解力」だとも言えましょう。

　第三層の「読解力」には、コンテンツ・ベース（Content based）の資質・能力と、コンピテンシー・ベース（Competency based）の資質・能力、その両方の育成を図ることが求められます。そこでは、2017・2018（平成29・30）年告示の学習指導要領が求める「何を学ぶか」「どのように学ぶか」「何ができるようになるか」が問われます。「知識及び技能」のみではなく、「思考力、判断力、表現力等」の

育成も、相補的かつ統合的に図ることが必要となります。そこに、2017・2018（平成29・30）年告示の学習指導要領と学習指導要領各教科の解説に示されている各教科等の「見方・考え方」が機能します。

2017・2018（平成29・30）年告示の学習指導要領では、各教科等における「見方・考え方」を、次のように示しています（小学校学習指導要領p.22、中学校学習指導要領p.23、高等学校学習指導要領p.17）。

> 各教科等において身に付けた知識及び技能を活用したり、思考力、判断力、表現力等や学びに向かう力、人間性等を発揮させたりして、学習の対象となる物事を捉え思考することにより、各教科等の特質に応じた物事を捉える視点や考え方

国語の「見方・考え方」は、次のものです(小解説国語編p.12、中解説国語編p.12、高解説国語編 p.23)。

> 言葉による見方・考え方を働かせるとは、児童（生徒）が学習の中で、対象と言葉、言葉と言葉との関係を、言葉の意味、働き、使い方等に着目して捉えたり問い直したりして、言葉への自覚を高めることであると考えられる。

このような資質・能力の育成は、国語科のみで行えるものではなく、学校教育の様々な教科等が関わる必要があり、時間も掛かります。そこでは、繰り返しやさまざまな角度からの取組、さらに、体験や経験を通しての学びも重要となります。また、それは、個としての主体的な学びだけではなく、教室で他者と関わり合いながら協働的に学ぶ中で、総体としての資質・能力として育成を図ることも求められます。

バトラー後藤裕子氏は、『デジタルで変わる子どもたち――学習・言語能力の現在と未来』（ちくま新書 2021年 p.060）で、次の指摘をしています。

> 異なる立場にいる人たちの見解を正確に理解し、意見と事実を判別し、情報の信憑性を判断し、信憑性のある情報に基づいて、論理的に判断を行い、その結果を言語化して、他人にも伝えるような能力をPISAでは求めているのだ。このような能力は、ただスマートフォンを与えただけでは、自然に身につくものではなく、そこに計画性を持った教育の役割が必要だと考えられている。

学校教育において「Input → Intake → Output」のプロセスに関わる「読解」を通して第三層の「読解力」の育成を図ることは、これからの時代に必要な資質・能力育成の在り方として重要だと考えます。

InputとIntakeでは、「言葉による見方・考え方を働かせる」ことにより、読み手が「読解」の対象となる情報と自覚的に対話するようにします。そして、Outputでは、他者が理解できるようにさまざまな内容や形式で表出できるようにすることが求められます。

「読解」の範囲と内容と質は、学習者一人一人のコンテクストに内在し、個としてのクリティカル（Critical）な思考の醸成が求められます。その育成にあたっては、リフレクション（Reflection：学びの跡を振り返り、再構成して吟味し、意味付けること）やメタ認知も重要になります。

4 | 第四層の「読解力」

（1） 第四層の 「読解力」 とは

　Inputにおいて、情報を取り出して受容するだけではなく、自ら情報を探したり調べたり（Search・Research）して課題や問題を発見したりすることが、主体的自己形成には重要です。第四層の「読解力」では、与えられた中から必要な情報を取り出したり探したりするだけではなく、読み手が主体として様々な状況の中で情報と関わり、情報との相互作用の中で比較したり関連付けたりする能動的な「読解」を行うことが求められます。そのためSearch（調べる、探し出す、記憶をたどる、検索する）やResearch（調査する）した対象を、「Input→Intake→Output」のプロセスを通し、その内容をそれぞれに対象化し、何を対象として「読解」するかについて、意志と自覚とを持つことが主体には求められます。

　ICT時代とも呼ばれる今日的な社会状況の中では、文字化されたものだけが「読解」の対象となるのではなく、身の回りの環境や状況そのものも「読解」の対象となりつつあります。今後、文字だけではなく画像や映像を「読解」することも含め、情報処理能力として、Literacyの対象範囲はますます広くなるものと考えます。例えば、不確実性のある現代社会の中で「先を読む」ということも、「読解」の対象になり得ます。様々な情報を処理するLiteracyは、理解・解釈・分析・記述・評価・熟考・表現を対象としているのです。

　第四層の「読解力」は、Reading Literacyとして、「Input → Intake → Output」のプロセスを通して、「Search・Research」した「読解」の対象とのシミュレーションを行うことで予測のできない状況を「読解」することにより、未来を創出することにも寄与します。

　白井俊氏の『OECD Education2030プロジェクトが描く教育の未来－エージェンシー、資質・能力とカリキュラム－』（ミネルヴァ書房 2020年 p.162）に、以下のことが示されています。

> 　これからの時代に必要なリテラシーは、「デジタル化されたテキストや様々なオンライン・メディアの情報を通じて、読み、解釈し、意味づけし、そしてコミュニケーションをとる能力」となることが考えられる。また、その前提として、「非常に簡単に生産され、アクセスされ、公表されている情報を、批判的に評価したり、選別する能力」も求められると考えられる（OECD,2019）。

　今日の状況の中で、さまざまな情報が、多様な「読解」対象として身の回りに存在する時代となっています。第四層の「読解力」は、主体の身の回りの無限の情報を、読み手自らが主体としてSearchやResearchを行い、Inputすることが始まりとなります。与えられた情報だけではなく、SearchやResearchを通して自ら情報に関わり、自己のコンテクストを基に無限の情報の中から課題を見つけたり問題を発見したりする。こうした「読解」の主体と対象との相互作用が、第四層の「読解力」におけるInputには求められます。Inputの対象は特に限定されたものではなく、それぞれの主体としてのコンテクストや、それまでの学びのコンテクストも対象となり得ます。

　第三層の「読解力」では、Inputが「情報を探し出す」ことにありましたが、そこでのInputの対象となる「情報」は、「関連するテキストを探索し、選び出す」範囲のものでした。

　第四層の「読解力」では、Inputの対象を限定することなく、自由度の高いさまざまな言語や社会、自然の不確定性の事象や現象を対象として、SearchやResearchをすることが求められます。Inputの

対象を自ら求め、自ら探し出し、選ぶという、能動的で情報処理能力を伴った「読解」が求められるのです。このような資質・能力の育成は、「探究」を行うためにも必要かつ重要な資質・能力となります。

　生成AIの出現により、Inputの対象を広げ、そこから選択することが可能となりました。留意しなければならないのは、選択の幅は広がったとしても、Inputにおいては、単なる選択にとどまることなく、如何に自己が関わっているかが問われるということです。主体的に自己が関わらないInputは、能動的な「読解」にはつながらないのではないでしょうか。

　繰り返しになりますが第四層の「読解力」では、InputにおいてSearch（調べる、探し出す、記憶をたどる、検索する）やResearch（調査する）による、Inputの対象と「読解」の主体との相互作用が求められます。それ故に、SearchやResearchを通して自ら情報に関わり、自己のコンテクストを基に無限の情報の中から課題を見つけたり問題を発見したりする過程が重要となるのです。第四層では、こうした過程を経て、課題解決や問題解決に向けて主体が必要とする対象を探して取り出すことになります。

　【第四層の読解力】を図にすると、以下のようになります。

　第四層の「読解力」でも、その根幹は「Input→Intake→Output」のプロセスです。

　なかでも、Inputの対象をSearchしたりResearchしたりすることにより、Input（受信）の対象を、主体として「探し取り出す」ことが重要となるので、この「Search・Research→Input→Intake→Output」のプロセスは、「探究」[3]の学びを行うために機能するプロセスとなります。

　第四層の「読解力」では、Inputの対象を広げるため、Intakeも変わらざるを得なくなります。Inputする「読解」の対象を演繹的にとらえるか、帰納的にとらえるかによってIntakeも変わります。Intakeにおいて、演繹的な「読解」と帰納的な「読解」のどちらかを対象とすることにより、捉え方や考え方に違いが生じます。また、Intakeでは、Inputした情報の取捨選択という技能のみでなく、対象を組み合わせて考えたり、新たな自分の形成を図ったりします。そのため、メタ認知を通して相対化された自己を認識し、主体としての自己を自覚した深い思考が伴う過程を通し、自分の見方・考え方の形成を自覚することも必要です。

　ここでも、第三層の「読解力」と同様、Inputにおける批判的思考力（Critical thinking）が機能しなければならないことは、言うまでもありません。

　さらに、Intakeでは、Inputしたものを咀嚼、反芻、吟味をしたり、仮説を立てたりして熟考し、自分の考えの成熟を図るという、学びの調整も重要となります。これらのことは、Intakeの質の向上を図ることにもなります。

　Outputにおいても、帰納的な説明と演繹的な説明のどちらを用いるのか、どのような表現を用いて表出するのかが問われます。それにより、ここでも学びの調整を図ることになります。第四層の「読解力」におけるOutputは、InputやIntakeで対象とした課題や問題を表出することで、自己以外の他者や外部に働きかけ、新たな価値や考えを、創り出したり生み出したりすることも行われます。

　第四層の「読解力」は、それぞれの個の主体形成に関わり、汎用的な資質・能力[4]の育成を図る「読解力」でもあります。それによって、未来を創ることにもつながります。

---

[3] 「探究」については、第6章「2.「探究」という学び」で述べています。
[4] 「汎用的な資質・能力」については、第4章「1. 汎用的な資質・能力としての「読解力」(Reading Literacy)」で述べています。

（2）第四層の「読解力」の意味

　PISA2018年調査では、「測定する能力」が「①　情報を探し出す」「②　理解する」「③　評価し、熟考する」となりましたが、その基になったのは、「キー・コンピテンシー」（key competencies）という考え方です。

　ドミニク・S・ライチェン、ローラ・H・サルガニク編著、立田慶裕監訳『キー・コンピテンシー ── 国際標準の学力をめざして』（明石書店 2006年）のコラムでは「なぜ今日コンピテンシーが重要なのか？」について、次のように示しています（p.202）。

> 　グローバリゼーションと近代化は、次第に多様化し相互につながった世界を生みだしている。この世界を理解して正常に働くようにするために、個人はたとえば変化するテクノロジーをマスターしたり、大量の利用可能な情報を理解する必要がある。また個々人は、環境の持続性と経済成長とのバランスや、繁栄と社会的公正のバランスをとるといったように、社会としても集団的な挑戦に直面している。こうした背景の中で、個人がその目標を実現するために必要なコンピテンシーはいっそう複雑化し、ある狭く定義された技能をマスターする以上のものを要求するようになってきた。

　さらに、同書では、キー・コンピテンシーを、次のように示しています（p.10）。

> 1）自律的に活動する力
> 2）道具を相互作用的に用いる力
> 3）異質な集団で交流する力

　そして、三つのキー・コンピテンシーについて、以下のように分類しています（pp.202-203）。

> 　第一に、個人は、その環境と効果的に相互作用するため広い意味での道具を活用できる必要がある。情報テクノロジーのような物理的なものと、言語のような文化的なものとの両方を含む意味での道具である。個人は、相互作用的に道具を用いるためにも、各自の目的に合わせて道具を適応させるようにそうした道具を理解する必要がある。
> 　第二に、いっそう助け合いの必要が増している世界の中で、個人は他者と関係をもてるようにする必要がある。いろいろな経歴をもった人と出会うからには、異質な集団でも人と交流できるようになることが重要である。
> 　第三に、個人は、自分の生活や人生について責任を持って管理、運営し、自分たちの生活を広い社会的背景の中に位置づけ、自律的に動く必要がある。
> 　それぞれに特定の目標を持ったこれらのカテゴリーは、相互に関係し、キー・コンピテンシーを確認し明確に描くための基礎を集合的に形成している。個人が反省的に考え動く必要性は、コンピテンシーの枠組み（フレームワーク）にとって中心的なものである。

　上記の指摘から既に20年近く経とうとしています。この間、様々な社会情勢の変化、科学技術の進化や発展もありました。

　先に取り上げたバトラー後藤裕子氏の『デジタルで変わる子どもたち──学習・言語能力の現在と未

来』（p.052）では、OECD の DeSeCo の「キー・コンピテンシー」を次のようにまとめています。

> ここでは、３つの柱となる能力が定義された。相互作用的に言語や知識といった社会文化的な道具を使う能力、さまざまな背景・意見を持った異質の集団と交流できる能力、そして、自律的に行動する能力の３つである。そしてその根底にある能力として、自らの考えや行動を振り返る力が挙げられている。

　上記のキー・コンピテンシーのうち、バトラー後藤氏は、「相互作用的に言語や知識などを使う力」はPISA 型リテラシーとして、「『読解リテラシー』『数学的リテラシー』『科学的リテラシー』と測定が可能な形に具体化された。」としていますが、PISA 調査の内容に限定されずに、「読解力」の内容を再構築すると、図３－Ａなかの【キー・コンピテンシーの３つのカテゴリー】に関わる「読解」が、これからの時代に求められる、第四層の「読解力」につながると考えます。

　このような「読解」は、社会のどのような変化にも適応できる汎用性の高い資質・能力の育成に機能します。

　中央教育審議会教育課程部会「次期学習指導要領等に向けたこれまでの審議のまとめについて（報告）」（平成28年8月26日、以下「平成28年報告」）では、これからの時代に求められる資質・能力をOECD の DeSeCo が示す「キー・コンピテンシー」を参考にして示しています。

　この平成28年報告を基に、中央教育審議会「幼稚園、小学校、中学校、高等学校及び特別支援学校の学習指導要領等の改善及び必要な方策等について（答申）」（平成28年12月21日、以下「平成28年答申」）が出され、またこの平成28年答申を基に、2017・2018（平成29・30）年告示の学習指導要領が作

ＯＥＣＤキーコンピテンシーについて

ＯＥＣＤにおいて，単なる知識や技能ではなく，人が特定の状況の中で技能や態度を含む心理社会的な資源を引き出し，動員して，より複雑な需要に応じる能力とされる概念。

【キー・コンピテンシーの３つのカテゴリー】

1. 社会・文化的、技術的ツールを相互作用的に活用する能力
　Ａ言語、シンボル、テクストを相互作用的に活用する能力
　Ｂ知識や情報を相互作用的に活用する能力
　Ｃテクノロジーを相互作用的に活用する能力

2. 多様な社会グループにおける人間関係形成能力
　Ａ他人と円滑に人間関係を構築する能力
　Ｂ協調する能力
　Ｃ利害の対立を御し、解決する能力

3. 自律的に行動する能力
　Ａ大局的に行動する能力
　Ｂ人生設計や個人の計画を作り実行する能力
　Ｃ権利、利害、責任、限界、ニーズを表明する能力

Use tools interactively (e.g. language, technology)

Interact in Heterogeneous groups

Act autonomously

〇　この3つのキー・コンピテンシーの枠組みの中心にあるのは、個人が深く考え、行動することの必要性。
　深く考えることには、目前の状況に対して特定の定式や方法を反復継続的に当てはめることができる力だけではなく、変化に対応する力、経験から学ぶ力、批判的な立場で考え、行動する力が含まれる。

（出典）OECD "Definition and Selection of Competencies (DeSeCo)" を参考に文部科学省作成

図３－Ａ

成されました。平成28年報告には、2017・2018（平成29・30）年告示の学習指導要領の基盤となる考え方が示されています。

「次期学習指導要領等に向けたこれまでの審議のまとめ　補足資料（2）」（平成28年8月、https://www.mext.go.jp/content/1377021_4_2.pdf）では、前ページ図3−AのようにOECDのDeSeCoの「キー・コンピテンシー」を整理して示しています。

図中の「1.　社会的・文化的、技術的ツールを相互作用的に活用する能力」の「A言語、シンボル、テクストを相互作用的に活用する能力」は、キー・コンピテンシーとして、第一層の「読解力」、第二層の「読解力」、第三層の「読解力」として位置付けることができます。

先に引用したバトラー後藤氏も、『デジタルで変わる子どもたち――学習・言語能力の現在と未来』で、次のように述べています（p.100）。

> 　第1章でPISAの「読解リテラシー」について言及したが、デジタル時代を生きる子どもたちにとって、読みとは、単にテクストの理解（つまり伝統的な読解の概念）にとどまらず、さまざまな聴覚情報（音響効果など）、視覚情報（表、グラフ、イラスト、写真、動画など）、空間情報、そして触覚情報なども含めた多角的な様式を総合利用した理解・解釈・創造を意味するようになってきている。私たちも、伝統的な読解観を超えて、読みをずっと広義に、かつ柔軟性をもってとらえる必要がある。

第四層の「読解力」は、同じく図3−Aの【キー・コンピテンシーの3つのカテゴリー】に示されている内容の全てに関わる読解になります。

これまでの「読解力」の概念を広げ、状況や社会をも対象としたキー・コンピテンシーの内容を包摂したSearchやResearchを通して「Input→Intake→Output」のプロセスが機能する「読解力」が、第四層の「読解力」となります。

（3）第四層の「読解力」をどのように育成するか

第四層の「読解力」は、これからの情報化社会の時代に必要な資質・能力と言えます。

これまでの日本の近代学校教育は、学制に始まったことは第1章で触れましたが、18世紀後半の産業革命期に始まった工場で働く人材を育成するための教育が、大きく影響しています。そこでは、効率よく知識を授けるための教育として、黒板を用い、教科書を使っての一斉授業が行われました。学力とは、ペーパーテストにより測定可能な、知識の習得量と再生の正確性のことであり、「自分で考える」ことの必要性がない教育でもありました。ペーパーテストは同一の問題で行われ、成績として序列をつけることが学習評価であるとされていました。

アジア太平洋戦争の敗戦後の教育でも、明治時代からの知識の習得と習熟を中心にした教育は引き継がれ、高度経済成長期には、「みんなと同じことができる」「言われたことを言われたとおりにできる」上質で均質な労働者の育成を図る教育が行われてきました。

今日求められている教育は、キー・コンピテンシーに示されている内容の具現化にあると言っても過言ではありません。ICTの時代になり、これまでの「覚える学力」は、コンピュータで賄うことができます。さらに、生成AIによって、その真偽はともかくとして、情報を探すことも創り出すことも可能になりつつあります。これからの時代、「覚える学力」のみではなく、ICTでは行うことのできない「考

える学力」の育成が求められるようになっています。

　キー・コンピテンシーを育成するために、これからの学校教育で育成を求められている資質・能力は、次に示すものと言えましょう。

　　・Communication（コミュニケーション）
　　・Critical thinking（批判的思考、吟味・評価し熟考する）
　　・Collaboration（共働、協同、協力）
　　・Creativity（創造力、創造性）

　上記の資質・能力の育成を図るには、これまでの日本の学校教育で求め行ってきたことからのパラダイムシフトが求められます。その中核にあるのが、第四層の「読解力」です。

　これまでにも述べてきましたが、第四層の「読解力」でも、SearchやResearchを行うことを通した「Input→Intake→Output」のプロセスが資質・能力として求められます。「Input」「Intake」「Output」のそれぞれにおいて、主体としてのものの見方や考え方、理解力や判断力や表現力、さらに意志が重要な意味を持ちます。

　第四層の「読解力」では、Inputでは、言語化されたもののみでなく身の回りのあらゆる状況や環境の中に存在するさまざまな情報を対象として、SearchしたりResearchしたりすることを含め、自己のコンテクストを基に取捨選択して取り出すことが求められます。また、Intakeでは、Inputした対象を思考し理解し自己のコンテクストに依拠して解釈をし、Outputでは、Intakeした内容を判断し、評価と熟考を通して新たな価値や意味を創り出し、それを表出することが求められます。そして、こうしたプロセスの全体がたいへん重要となります。

　第四層の「読解力」の育成のためには、知識及び技能の習得と習熟とを行ってきた「教師が主語」となるようなこれまでの学校教育の在り方ではなく、「児童生徒が主語」となる「聴いて 考えて つなげる」（Input→Intake→Output）授業[5]が求められます。児童生徒が自ら「読解」の対象を見つけ出したり問題を発見したり課題を解決したりする、いわゆる「探究」の資質・能力の育成を図るためには、「教師が指導する」のではなく、「児童生徒を主語とした授業」が重要となります。そこでは、知識や技能のみを習得する学びではなく、思考力、判断力、表現力等の資質・能力を育成するための学び方を習得することにより、コンテンツ・ベースの資質・能力とコンピテンシー・ベースの資質・能力の相補的かつ統合的な資質・能力の育成を図ることを目指しています。

　これまでの授業では、知識・技能の伝達とその習熟を図ること、つまり教師が「教える」ことが多く行われてきました。これからの授業では、児童生徒が学校の主語となり、自ら学ぶことが求められます。そこでは、これまで教師が担っていた役割を、アドバイザー、カウンセラー、コーディネーター、ナビゲーター、ファシリテーターとしての役割に転換することが必要となります。そうすることにより、教師も、児童生徒が自ら「何を学ぶか」「どのように学ぶか」「何ができるようになるか」を考えて授業に向き合うようになるのではないでしょうか。

---

[5]「聴いて 考えて つなげる」授業については、第5章「1.『聴いて 考えて つなげる』授業」を参照してください。

5 「読解力」(Reading Literacy)の本義

　これまで、「読解力」とは、読むことの対象となる文や文章を「正しく理解する」こと、或いは「正しく解釈する」こと、とされてきました。また、「読解力」は、日本の学校教育における国語の授業を通して育成される、と考えられてきました。

　学習指導要領で唯一「読解力」が取り上げられているのは、1956（昭和31）年改訂の高等学校学習指導要領国語の目標です。そこでは、「読解力」という言葉は「言語文化を広く深く理解できるように」することを目指して、「読解力を豊かに」することという形で取り上げられています。1956年の時点で、「読解力」が文や文章を「正しく理解すること」「正しく解釈すること」いうこと以外の意味を包含する内容であることが指摘されていることは、注目に値します。が、このような「読解力」の考え方は、「正しく理解する」ことや「正しく解釈する」ということに意識が向くなかで、幅広く共有されてきたとは言えないようです。しかし、国語の授業で育成すべき資質・能力としての「読解力」は、学校教育全体にとってもたいへん重要な課題であります。

　「読解力」という言葉は、2000年から始まり、20年以上経過した今日でも継続されているPISAの「Reading Literacy」を表す言葉としても用いられています。その概念は、2000年の時点で、従来の「読解力」と重なる部分が皆無ではないものの、既に同一ではありませんでした。また、そのPISAの「Reading Literacy」の概念も時代の推移と共に変化してきています。にもかかわらず、その使用においては、人によって意味の異なりが生じていることが明らかになってきました。実際、「読解力」(Reading Literacy)という用語は、その用いられ方が様々であり、用語の定義化を図る必要があると思われます。そうしなければ、「読解力」という用語を用いる際に、誤解やずれ、すれ違いといった混乱が、常に生じるのではないでしょうか。

　本書では、ここまで、「読解力」(Reading Literacy)について、四つの階層から、内容と意味付け方を整理して示してきました。四層の構造として「読解力」(Reading Literacy)を整理してきた訳ですが、それぞれの階層において求められるLiteracyは同一ではなく、それぞれに意味があります。

　「読解力」(Reading Literacy)は、「読解」の対象に対する読み手のInputへの関わり方、向き合い方によって、以下の違いがあります。第一層の「読解力」では、情報を受け取ること。第二層の「読解力」では、情報を取り出すこと。第三層の「読解力」では、情報を探し出すこと。第四層の「読解力」では、Search・Researchにより「読解」の対象を見つけ探し、Inputにおいて様々な情報を処理し関連付けて課題や問題を発見すること。

　こうしたInputの違いは、IntakeやOutputにも影響し、IntakeやOutputにも特徴が生じます。そこに四つの階層の違いが生じるのです。したがって、「読解力」(Reading Literacy)の育成を図るには、それぞれの階層で必要とされる資質・能力の差異を認識することが重要となります。

　ICTを学校教育でも使用する今日、学校教育において「読解力」(Reading Literacy)の育成を図ることはますます重要となってきています。特に、生成AIが注目され始めた今日、学校教育においてそれをどのように有効活用するか、レポートや論文に生成AIを使用することはできるのか等、多くの課題が出てきています。生成AIをはじめとするICTはツールですので、それを如何に活用するかが問われているのです。

　学校教育においては、ツールの活用を考えることも必要ですが、ツールを使用する一人一人の個の資質・能力の育成を図ることが、より重要であることは言うまでもありません。

　学校教育において「読解力」（Reading Literacy）の育成を図ることは、一人一人の個にとって、課題の生成や問題の解決に関わる重要な資質・能力の育成になります。さらに、そこにおける「読解力」（Reading Literacy）は、一人一人の個の成長過程によっても異なります。成長過程における第一層の「読解力」、第二層の「読解力」、第三層の「読解力」、第四層の「読解力」のそれぞれは段階を示すものではなく、「読解」の対象や、その内容と質の違いであることを理解することが大切です。

　第一層の「読解力」は、Inputにおいて、「読解」の対象（となる内容）が既定されており、対象の受容に際し、「正しさ」や「正確さ」が求められています。第二層、第三層、第四層の「読解力」では、「読解」の対象（となる内容）が、Intakeと関わり、一人一人の個のコンテクストに依拠した解釈や意味付けが行われ、それを他者に理解されるようにOutputすることが重要となります。そこに主体としての「読解」が成立します。

　したがって、今回、「読解力」（Reading Literacy）を整理するにあたっては、「第一段階、第二段階、第三段階、第四段階」という言葉を用いていません。それは、「読解力」は段階を踏んで高める、というものではないからです。問われるのは、各層の「読解力」を構成する資質・能力としての「Input→Intake→Output」というプロセス、その「Input」「Intake」「Output」それぞれにおける（主体としての）ものの見方や考え方、理解力や判断力や表現力（、さらには意志）の内容や質であり、それらは決して段階的なものではないからです。

　つまり、そのときそのときで、第一層の「読解力」が必要とされる場合もあれば、第二層の「読解力」や第三層の「読解力」、第四層の「読解力」が必要な場合もあるということです。

　「読解力」という一言でくくることは、「読解力」（Reading Literacy）というものを、各人が各人なりに解釈したり納得したりしている「読解力」に引きつけて理解することにつながります。「読解力」（Reading Literacy）には、ここまでに考察した第一層、第二層、第三層、第四層のそれぞれに意味があります。それをOECDのPISAとキー・コンピテンシーに依拠しながら整理を試みました。

　時代状況により、教育に求める内容は変わります。「読解力」という用語の定義もまた、時代の中のものではないでしょうか。

　「読解力」に関して次のような記事がありました（ベネッセ教育総合研究所「ベネッセ教育情報」2023年9月18日付「これからの時代に必要な『読解力』の伸ばし方」（https://benesse.jp/kyouiku/202309/20230918-1.html））。

> 　読解力は一般的に「文章を読み解く力」と理解されています。
> 　今回は、これからの新しい時代を生きる子どもたちに身につけてほしい「読解力」について、小学校段階から意識しておきたいポイントをお伝えいたします。

　記事の筆者がポイントとしているのは、「『読解力』＝『新しい価値を創造する力』につながる」「おうちでできる『読解力』の伸ばし方　読んだ本についての会話」「日頃の会話を、『単語』でなく『文章』にする」という3点なのですが、その1点めについて以下のような記述がありました。

> 　AIやIoTなどの進展による社会変革や、さまざまな社会課題に対応していくお子さまの将来にとって、「読解力」は不可欠です。「読解力」は、「言葉を使って思考し、判断し、表現する」こと、つまり「新しい価値を創造する力」につながるからです。

上記で注目すべきは、「『読解力』は、『言葉を使って思考し、判断し、表現する』こと」であり、それは「『新しい価値を創造する力』につながる」という指摘です。それは、「探究」にもつながると言えましょう。ここでは、Inputについての言及はありませんが、IntakeとOutputに関しては、第二層、第三層、第四層の「読解力」と相通じる考え方が示されています。「読解力」の捉え方が、これまでの第一層の「読解力」から、第二層、第三層、第四層のそれへと広がってきていることが認められます。

　これからの時代の教育において、「読解力」（Reading Literacy）の育成は、非常に重要です。「読解力」（Reading Literacy）は、教育によって育成を図ることが可能です。そこでは、第一層、第二層、第三層、第四層のそれぞれの「読解力」の違いを認識し、意識する必要があります。図3－Bを参照して下さい。

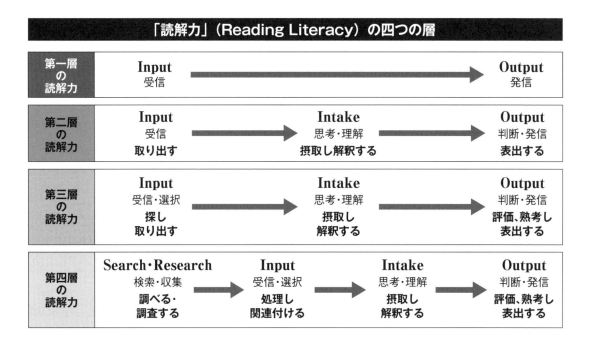

図3－B

　第一層、第二層、第三層、第四層の「読解力」それぞれが持つ違いは重要であり、違いを意識することによって、それぞれの「読解力」での「読解」の意味に異なりが生ずるということが明らかになります。
　第一層の「読解力」は、「Input → Output」。これは「読解」という行為の基盤となる部分です。ここで読み手は、まず、書き手が発信した内容をInputで（正確に）受け止めることを求められます。そして、それを読み手として発信する際には、受信した内容を書き手の意図に沿ってOutput（表出）することが求められます。書き手（発信者）と読み手（受信者）の関係はシンプルであり、「読解」という行為の基盤となる部分と言っても良いでしょう。
　「読解力」の各層の違いは、「読み解く」ための入り口となる「読解」の対象に対する読み手のInputへの関わり方、向き合い方によって生じます。第二層、第三層、第四層の「読解力」では、情報の受信者がInputの対象について、第二層は情報を「取り出すこと」、第三層は「探し出すこと」、第四層はSearch・Researchした対象を「処理し関連付けること」という違いがあります。こうしたInputの違いは、

Intakeに影響し、さらにOutputにも影響します。

　それぞれの層でInputの対象に適切なIntakeを行うことで、読み手の情報に対する理解や意味の違いを認識することになります。「Input→Intake→Output」のプロセスでは、Inputに依拠したIntakeにおける「読解」内容によって、第二層、第三層、第四層の「読解」の内容に異なりが生じることになります。さらに、IntakeしたものをOutputすることで、情報に対する読み手の見方や考え方が表出されます。そこには、読み手の表現力によっても表出する内容に異なりが生じます。

　Outputにおいては、「読解」の対象をどのように読み解き、対象とした内容を主体としてのどのように認識し思考したか、理解や判断や評価をどのようにしたか、さらに、主体の意志の在り方を含めたプロセスをどのように表現するか、が問われます。なぜなら、それは、（第二層、第三層、第四層それぞれの）Intakeの内容に合わせて、Output（表出）に主体のコンテクストの異なりが生じるからです。それ故、「読解力」（Reading Literacy）はどの層においても、「読解」した内容と質が、Outputにおいて表出された「表現」によって問われることになります。

　Outputには、音声で表現するものと文字で表現するものとがありますが、音声で表現したものは、録音をしない限り、すぐに消失してしまいます。文字で文章化されたものは、時間を越えて残ります。文字化されたものは、繰り返し「読解」が可能であることは、言うまでもありません。

　第二層、第三層、第四層の「読解力」では、「Input→Intake→Output」という「読み解く」プロセスが重要であり、それぞれのプロセスにおける「読み解く」対象の焦点化や重点化に、読み手それぞれの個のコンテクストが関わることよって、どのようなことを読み解いたのか、それをどのように「表現」をするか、に個の違いが生ずることになります。

　これからの時代、ICTの進化により、情報と現実との乖離や相違も起こり得ます。また、実社会・実生活の中で、個と個とのつながりを図るためには、他者理解を図ることも求められます。その時に、これまでにも述べてきたように、第一層の「読解力」としての「Input→Output」と、第二層、第三層、第四層の「読解力」としての「Input→Intake→Output」では、「読解」する内容や対象の違いを意識することが重要となります。第一層の「読解力」では、「読解」の内容の正確性が求められます。それに対し、第二層、第三層、第四層では、「読み解く」ための対象に、それぞれのプロセスの中で、情報の発信者と情報の受信者の、それぞれのコンテクストが関わり、「読解」の内容と意味に違いが生じます。従って、その違いを前提とした「読解」をすることが求められます。

　それぞれの層の「読解力」（Reading Literacy）は、次代が求める学ぶことに対する、全ての基盤になる資質・能力と言えましょう。第一層、第二層、第三層、第四層の「読解力」の構造イメージは、次ページの図3−Cのようになります。

　繰り返しになりますが、それぞれの層の違いを意識して「読解力」（Reading Literacy）を育成することが重要です。ですから、「読解力」という用語は、一括りにざっくりと使用するべきではありません。これから「読解力」という用語を使う際は、それぞれの層の「読解力」の本義を意識することが求められるのではないでしょうか。

　これからの時代、学校教育において「読解力」（Reading Literacy）の育成を図る際は、その四つの層それぞれに求められる資質・能力について理解し、指導にあたってはそれをしっかりと意識することが、児童生徒にとって必要なことだと考えます。

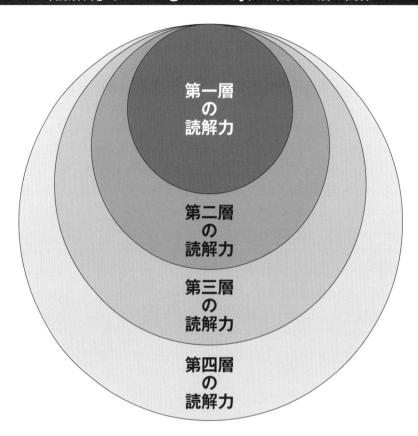

第一層
の
読解力

第二層
の
読解力

第三層
の
読解力

第四層
の
読解力

図３－Ｃ　「読解力」（Reading Literacy）の構造イメージ

第4章

これからの時代に機能する「読解力」
(Reading Literacy)

1 汎用的な資質・能力としての「読解力」(Reading Literacy)

(1) 汎用的な資質・能力

OECDが「Education2030 Learning Framework」で示しているWell-beingは、「個人的・社会的により良く幸せに生きること」とされ、「自ら主体的に目標を設定し、振り返りながら、責任ある行動がとれる力を身に付けること」を、教育の目的としています。2017・2018（平成29・30）年告示の学習指導要領に示されている、学校教育を通して育成すべき資質・能力としての「学びに向かう力、人間性等」：「どのように社会・世界と関わり、よりよい人生を送るか」にも通じています。

また、本書第1章で紹介した「Learning Compass 2030」（図1-B p.17）では、Well-beingの実現に向けて、一人一人の学習者が変革を起こすために自分自身で目標を設定し、振り返りながら責任ある行動をとる能力のことをStudent agency[1]としています。そこでは、自分で学習の見通しを持ち、行動し、振り返るという循環を確立しつつ継続して学び、自らの考えを改善していくことが求められています。

Well-beingの中の要素として示されている、Creating new value（新しい価値の創造）、Reconciling tensions & dilemmas（緊張とジレンマの調和）、Taking responsibility（責任ある行動）は、各教科等の学習を通した学校教育において育成を目指す汎用的な資質・能力を育むための重要な要素とも言えましょう。

これからの教育には、現実社会における不適応を回避するための資質・能力の育成を図ることも求められます。学校教育における教科学習で育成を図る資質・能力では、対応することが難しい現実や社会状況もあることから、教科学習だけでは育成することのできない資質・能力として、汎用的な資質・能力の育成が求められます。汎用的な資質・能力は、学校教育では、各教科等の授業を通して育成されますが、汎用的な資質・能力には、各教科等で直接対象とする内容では育成することのできない資質・能力も含まれています。

2017・2018（平成29・30）年告示の学習指導要領では、教科の内容だけではなく、教科の枠を越えた資質・能力の育成も求めています。教科で育成すべき資質・能力は、当該教科の学習を通じて育成を図ることが求められます。課題は、学校教育を通して教科の枠を越えた汎用的な資質・能力の育成を如何に図るかということです。

学習指導要領解説総則編には、以下の内容が示されています（小学校p.48、中学校p.49、高等学校p.53）。

> 変化の激しい社会の中で、主体的に学んで必要な情報を判断し、よりよい人生や社会の在り方を考え、多様な人々と協働しながら問題を発見し解決していくために必要な力を、児童（生徒）一人一人に育んでいくためには、あらゆる教科等に共通した学習の基盤となる資質・能力や、教科等の学習を通じて身に付けた力を統合的に活用して現代的な諸課題に対応していくための資質・能力を、教育課程全体を見渡して育んでいくことが重要となる。

---

[1] Student agencyの定義は、確定していません。OECDより「2030年に向けた生徒エージェンシー」の仮訳が、以下のURLに示されています。 OECD_STUDENT_AGENCY_FOR_2030_Concept_note_Japanese.pdf

また、教科で育成すべき資質・能力等に共通した学習の基盤となる資質・能力の具体としては、「ア 言語能力」「イ 情報活用能力」「ウ 問題発見・解決能力」をあげています。

これら三つの資質・能力は、「学習の基盤となる資質・能力や、教科等の学習を通じて身に付けた力を統合的に活用して現代的な諸課題に対応していくための資質・能力」の育成につながります。この資質・能力の育成を図ることは、第三層、第四層の「読解力」の育成とつながっています。

2017・2018（平成29・30）年告示学習指導要領では、教育課程の編成において「教科等横断的な資質・能力」について、次のように示しています（小学校p.19、中学校p.21、高等学校p.20。下線は引用者）。

> 2　教科等横断的な視点に立った資質・能力の育成
> (1) 各学校においては、児童（生徒）の発達の段階を考慮し、言語能力、情報活用能力（情報モラルを含む。）、問題発見・解決能力等の学習の基盤となる資質・能力を育成していくことができるよう、各教科等の特質を生かし、教科等横断的な視点から教育課程の編成を図るものとする。

中央教育審議会「幼稚園、小学校、中学校、高等学校及び特別支援学校の学習指導要領等の改善及び必要な方策等について（答申）」（平成28年12月21日）では、「教科等横断的な資質・能力」を、次のように示しています（p.32）。

> ○　資質・能力の三つの柱に照らしてみると、教科等における学習は、知識・技能のみならず、それぞれの体系に応じた思考力・判断力・表現力等や学びに向かう力・人間性等を、それぞれの教科等の文脈に応じて、内容的に関連が深く子供たちの学習対象としやすい内容事項と関連付けながら育むという、重要な役割を有している。
> ○　ただし、各教科等で育まれた力を、当該教科等における文脈以外の、実社会の様々な場面で活用できる汎用的な能力に更に育てたり、教科等横断的に育む資質・能力の育成につなげたりしていくためには、学んだことを、教科等の枠を越えて活用していく場面が必要となり、そうした学びを実現する教育課程全体の枠組みが必要になる。

2017（平成29）年告示小・中学習指導要領解説総則編「付録6」には、「現代的な諸課題に関する教科等横断的な教育内容」（下線は引用者）として「伝統や文化に関する教育」「主権者に関する教育」「消費者に関する教育」「法に関する教育」「知的財産に関する教育」「郷土や地域に関する教育」「海洋に関する教育」「環境に関する教育」「放射線に関する教育」「生命の尊重に関する教育」「心身の健康の保持増進に関する教育」「食に関する教育」「防災を含む安全に関する教育」が示されています。

例えば、学習指導要領の各教科等の「内容」には、環境に関して、以下の内容が取り上げられています。

小学校では、

> 国語：「環境」に関する文章を読む
> 社会：地理的環境、生活環境、自然環境、国土の環境
> 理科：周辺の環境、生物と環境との関わり、植物の成長と環境との関わり、自然環境、
> 家庭：消費生活・環境
> 体育：生活環境、環境
> 特別の教科道徳：自然環境

総合的な学習の時間：環境
　　特別活動：平素と異なる生活環境

　中学校では、

　　国語：「環境」に関する文章を読む
　　社会：自然環境、生活と環境、環境、地域的な環境、古代文明や宗教が起こった場所や環境、
　　　　　地球環境問題、環境の保全、地球環境
　　理科：過去の環境、自然環境、環境保全、生息環境、地域の環境
　　音楽：環境音、音環境
　　美術：構成や装飾の目的や条件などを基に、用いる場面や環境、身近な環境、鑑賞のための環境
　　　　　づくり
　　保健体育：環境、生活環境、環境要因、健康と環境
　　技術・家庭：（技術分野）　環境、育成環境、環境負荷、自然環境
　　　　　　　　（家庭分野）　環境、資源や環境、消費生活・環境
　　特別の教科道徳：自然環境
　　総合的な学習の時間：環境、学習環境
　　特別活動：平素と異なる生活環境

　これらは、教科等横断的な資質・能力ではなく教科等横断的な「内容」です。2017・2018（平成29・30）年告示の学習指導要領で求めている「言語能力、情報活用能力、問題発見・解決能力等の学習の基盤となる資質・能力」は、「汎用的な資質・能力」としてのものであり、「教科等横断的な内容」としてのものではないことが分かります。
　資質・能力には、学校教育全体を通して育成すべき資質・能力と、各教科等で育成すべき資質・能力とがあります。教科の学習で身に付けるべき資質・能力は、教科の授業の中で育成することが基本です。そうでなければ、教科を学ぶことの意味はなくなります。一方、汎用的な資質・能力は、教科の枠を越えた資質・能力であるとも言えましょう。
　カリキュラム・マネジメントとして、年間単元配列表を作成することがあります。年間単元配列表に示されている各教科で示している同じテーマの内容を線で結び、それを各教科等横断的な資質・能力として示している事例があります。そのような事例の示し方は、各学年のみの年間の授業内容や授業で取り上げるテーマの「内容」を線で結んで示しているだけであり、育成すべき資質・能力を示すことにはなりません。さらに、学年を超えて系統的に育成すべき資質・能力は、年間単元配列表では、示すことができません。
　2018（平成30）年告示高等学校学習指導要領解説総則編には、以下の指摘があります（p.53）。

　　あらゆる教科等に共通した学習の基盤となる資質・能力や、教科等の学習を通じて身に付けた力を統合的に活用して現代的な諸課題に対応していくための資質・能力を、教育課程全体を見渡して育んでいくことが重要となる。

　ここで指摘されている資質・能力が、各教科等横断的な資質・能力としての、汎用的な資質・能力と言えましょう。

(2) 汎用的な資質・能力の内容

　「あらゆる教科等に共通した学習の基盤となる資質・能力や、教科等の学習を通じて身に付けた力を統合的に活用して現代的な諸課題に対応していくための資質・能力」を、汎用的な資質・能力とすると、フィンランド教育庁が2019年に作成した「各教科目と汎用的な資質・能力」の図（図４－Ａ）が参考になります[2]。

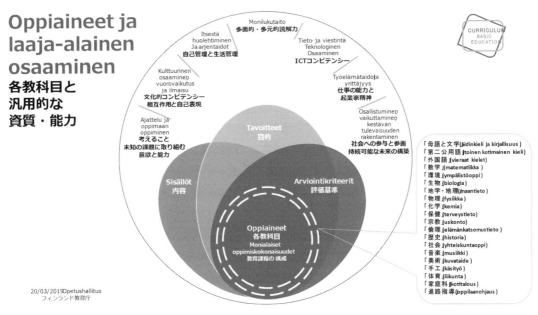

図４－Ａ

　図４－Ａでは、汎用的な資質・能力を次のように示しています。

汎用的な資質・能力（laaja-alainen osaaminen）
・考えること　未知の課題に取り組む意欲と能力（Ajattelu ja oppimaan oppiminen）
・文化的コンピテンシー　相互作用と自己表現
　（Kulttuurinen osaaminen , vuorovaikutus ja ilmaisu）
・自己管理と生活管理（Itsestä huolehtiminen Ja arjen taidot）
・多面的・多元的読解力（Monilukutaito）
・ICTコンピテンシー（Tieto- ja viestintä-Teknologinen Osaaminen）
・仕事の能力と起業家精神（Työelämätaidot ja yrittäjyys）
・社会への参与と参画　持続可能な未来の構築
　（Osallistuminen , vaikuttaminen , Kestävän tulevaisuuden rakentaminen）

（フィンランド語から日本語への翻訳は、北川達夫氏による）

2 北川達夫・髙木展郎『フィンランド×日本の教育はどこへ向かうのか─明日の教育への道しるべ』（共著、三省堂2020年pp.148-151）

汎用的な資質・能力は、図４−Ａにおける、全体円の中の一番外側に位置付いています。つまり、汎用的な資質・能力は、全体を包括する位置にあると言えます。

　その内側に三つの楕円として示されている内容（Sisällöt）、目的（Tavoitteet）評価基準（Arviointikriteerit）や、さらに、一番内側に各教科目（Oppiaineet）と、教育課程の構成（Monialaiset oppimiskokonaisuudet）が、二重点線円の中に示されています。

　この図４−Ａの構造から、汎用的な資質・能力は、各科目の内容や教育課程とは別のものとしている点が注目されます。

　各教科と汎用的な資質・能力との関係は、学校の中心的なコアの部分に教科の学習があり、汎用的な資質・能力は、一番外側に位置付けられています。学校教育の中での汎用的な資質・能力の位置は、言わば包括的な位置にあるということであり、ここに、各教科等の学習内容と汎用的な資質・能力の内容との関係性を見ることができます。

　2019年に筆者がフィンランドを訪れていたとき、小学校の４年生、５年生、６年生が学年を超えて、食物に関する総合的な学習を行っていました。そこでは、さまざまな観点から食物を対象として探究する学習が進められていました。授業者に、これが汎用的な資質・能力を育成する学習か、と尋ねたところ、この授業は、総合的な探究をする学習であり、食物に関するテーマ学習であるとの答が返ってきました。汎用的な資質・能力を育成するというのは、同じテーマや同じ内容でくくる学習を行うこととは違う、とも言っていました。

　フィンランドでは、汎用的な資質・能力を育成することを直接的に授業としては取り上げないが、学校教育全体の中で育成する資質・能力である、との説明を受けました。フィンランド教育庁の教育課程編成の担当者は、「汎用的な資質・能力は、じわっと染み込む」という表現を用いています。汎用的な資質・能力の育成は、直接的に資質・能力の育成を図る教科学習のようには行っていないことになります。

　さらに、先にも述べましたが、OECDが「Education2030　Learning Framework」で示しているWell-beingの中の要素

　・Creating new value（新しい価値の創造）、

　・Reconciling tensions & dilemmas（緊張とジレンマの調和）、

　・Taking responsibility（責任ある行動）、

は、各教科の学習を通して育成を図る汎用的な資質・能力、各教科の学習を通した学校教育において育成を目指す汎用的な資質・能力を育むための重要な要素であると言えましょう。

　汎用的な資質・能力の育成を図る教育課程の編成を、日本で行っているのが、茨城大学附属中学校です。2021年度の研究では、汎用的な資質・能力として、下記の内容を取り上げています。

　・社会参画・貢献に関する資質・能力

　　　協働する力、創造する力、実践する力

　・自立に関する資質・能力

　　　問題発見能力、問題解決能力、自己表現力、意思決定力

　・内省に関する資質・能力

　　　メタ認知、自己調整、受容

　次ページの図４−Ｂは、筆者が、上記の内容を、フィンランド教育庁が示した図と照応させるような形で図に示したものです。

　これまで、日本の学校教育では、明治の学制以降、教科の学習を主として行ってきました。しかし、これからの時代が求める教育内容として、各教科の学習を通した学校教育全体において育成を目指す汎

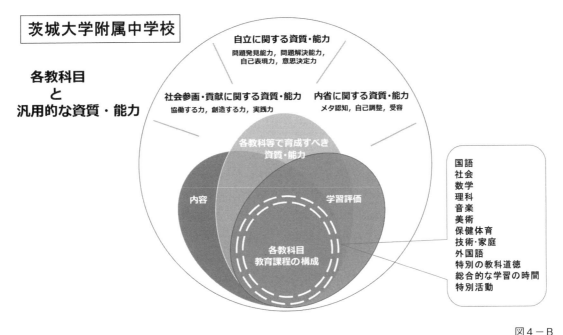

茨城大学附属中学校

各教科目
と
汎用的な資質・能力

図４−Ｂ

用的な資質・能力も取り上げる事例が出てきています。

　これら汎用的な資質・能力は、Inputの対象を限定することなく、自ら求め、自ら探し出し、選ぶという第四層の「読解力」のSearchやReseaechで求められるものと相通ずるところがあります。繰り返しになりますが、汎用的な資質・能力は、教科の内容の枠を越えた資質・能力として育成を図ることが、これからの時代に重要となります。「読解力」（Reading Literacy）は、その汎用的な資質・能力のなかでも重要な一つと言えましょう。

2 国語科で育成する資質・能力としての「読解力」（Reading Literacy）

（1）国語科で育成する資質・能力

　国語の授業では、「教科書を教える」のか「教科書で教える」のか、ということがしばしば言われます。「教科書を教える」は、教科書の教材の内容の理解や解釈を対象にした授業です。「教科書で教える」は、教科書を使って、国語としての資質・能力の育成を図るための授業を行うことです。

　国語の授業では、主に、教科用図書としての教科書に掲載されている教材を用いて授業が行われています。教科書は、学習指導要領に準拠して作成されており、日々の学校での授業で、使用することが決められています。教科書には、年間を通した学習に必要な教材が、教育課程として編成され、掲載されています。しかし、教科書の教材を対象とした国語の授業では、学習指導要領に示されている資質・能力の育成には、直接繋がらない場合もあります。特に、物語や文学を対象とする場合に陥りやすいことなのですが、教材としての作品の内容を理解したり解釈したりすることに重点が置かれた結果、国語としての資質・能力の育成を図ることに焦点が当たらない授業となってしまう場合があります。

今回改訂された学習指導要領では、国語科においても資質・能力の育成を図ることを求めています。国語としての資質・能力は、学習指導要領国語の「目標」と「内容」とに示されています。

　ただ、今の国語の授業は、教科書に掲載されている教材を、教科書の目次に沿って行っていくスタイルのものが多いのではないでしょうか。また、「何を学ぶか」についても、育成すべき資質・能力を単元名とするのではなく、授業で取りあげる教材名を単元名としていることが多いように思われます。教材は、あくまで学ぶための素材です。児童生徒の実態に基づき資質・能力の育成を図るのに適した教材を用いて授業を行うことは大切です。しかし、これからは「何を学ぶか」だけではなく、「どのように学ぶか」「何ができるようになるか」という授業で育成すべき資質・能力の具体を示すことが重要となります。

　当該単元で育成すべきは、国語としての資質・能力です。教材を使って学ぶことを通して、国語としての資質・能力を如何に育成するかが問われています。したがって、授業における各単元名には、育成すべき資質・能力の具体を示す必要があります。ここが、今回の学習指導要領国語の改訂の重要なポイントです。

　例えば、小学校4年生の『ごんぎつね』を教材として授業を行う場合、単元名は、教材名の「ごんぎつね」ではなく、例えば、学習指導要領国語に示されている資質・能力としての「登場人物の気持ちの変化や性格、情景について、場面の移り変わりと結び付けて具体的に想像しよう。」（C（1）エ）[3]となります。

　中学校2年生の『走れメロス』を教材にした場合も、同様です。単元名は教材名の『走れメロス』ではなく、資質・能力としての「登場人物の設定の仕方などを捉えて、言動の意味などについて考え、内容を解釈しよう。」（C（1）ア、イ）となります。

　また、高等学校の「現代の国語」において論理的な文章を読む授業を行う場合でも、教材名を直接示すのではなく、「論理的な文章の内容や構成、論理の展開などについて叙述を基に的確に捉え、要旨を把握しよう」（C（1）ア）と、国語として育成すべき資質・能力を、単元名として示します。さらに、「言語文化」で取りあげられている『羅生門』を教材にした授業の場合は、「作品の成立した背景や他の作品などとの関係を踏まえ、内容の解釈を深めよう。」（B（1）エ）となります。

　今回の学習指導要領改訂では、国語科では、特に、国語として育成すべき資質・能力を単元の授業の初めに、児童生徒に示すことを求めています。Student agency の育成を図るためにも、「Learning Compass 2030」（図1-B 本書p.17）の中に示された「Anticipation（見通し・期待）→ Action（行動）→ Reflection（振り返り・省察）」の学びのプロセスが重要となります。このプロセスに基づき、単元の授業の初めに、児童生徒に学習の「見通し・期待」（Anticipation）を持たせることが狙いです。

　そこで、児童生徒の視点から「何を学ぶか」「どのように学ぶか」「何ができるようになるか」を、単元の授業の初めに示し、さらに学習評価の方法や評価の内容を、単元の授業の初めに児童生徒に示すことが求められます[4]。また、単元の授業の終わりには「振り返り・省察」（Reflection）を行い、当該単元で、どのような資質・能力が身に付いたかを、児童生徒自身が、「振り返り・省察」（Reflection）を通してメタ認知し、自分の学習の調整を図ることが求められます。

　これからの時代に必要な資質・能力を育成するためには、教師が主語の授業（＝教師が教えたい内容を、教科書を使って教授する授業）ではなく、学び手としての児童生徒が主語となる授業を行う必要があります。そのためには、学習指導要領国語に示されている「目標」と「内容」（＝資質・能力）を、児童

---

[3]（C（1）エ）と示しているのは、学習指導要領国語に示されている「2 内容」の指導「事項」の具体的な項目です。以下同様。
[4] 本書の第5章「2. 授業観の転換を図る（3）「学びのプラン」の活用」を参照してください。

生徒の実態に即した教育課程として編成（カリキュラム・マネジメント）し、その資質・能力の育成を図ることが必要で、今日、国語科の授業づくりにはそれが求められているのです。

　そこでは、国語の資質・能力を育成するために、児童生徒一人一人を主語とした「Input→Intake→Output」の授業過程が重要となります。この「Input→Intake→Output」は、「主体的・対話的で深い学び」の授業改善に通じます。

(2) Inputで求められる資質・能力

　これからの時代に求められる国語科で育成すべき資質・能力は、小学校・中学校・高等学校の学習指導要領国語に示されています。コンテンツ・ベースの資質・能力は〔知識及び技能〕、コンピテンシー・ベースの資質・能力は〔思考力、判断力、表現力等〕として、それぞれ「2内容」の指導「事項」に示されています。

　前回改訂の2007・2008（平成19・20）年学習指導要領国語では、領域として「A　話すこと・聞くこと」「B　書くこと」「C　読むこと」〔伝統的な言語文化と国語の特質に関する事項〕が、示されていました。

　今回の学習指導要領改訂国語では、「A　話すこと・聞くこと」「B　書くこと」「C　読むこと」の各領域は、〔思考力、判断力、表現力等〕の「内容」に、指導「事項」として示されました。国語として育成する資質・能力のうち、「読解力」で求められる資質・能力としてのInputに関わる内容は、以下の指導「事項」です。

「A　話すこと・聞くこと」では、
「聞くこと」
・情報の収集、構造と内容の把握、精査・解釈、考えの形成、共有。
「話し合うこと」
・情報の収集、内容の検討、話し合いの進め方の検討、考えの形成、共有。
「B　書くこと」では、
・情報の収集、内容の検討、構成の検討、考えの形成、記述、推敲、共有。
「C　読むこと」では、
・構造と内容の把握、精査・解釈、考えの形成、共有。

　第一層の「読解力」では、「Input→Output」のプロセスですので、Inputする対象の内容を、そのまま（正確に）受け取ることを求めています。

　第二層の「読解力」では、「Input→Intake→Output」のプロセスですので、Inputにおいて取り出した内容を対象にIntakeを行い、それをOutputすることで「読解」した内容を表出することになります。小学校では、Inputで文章と図表などを結び付けるなどして必要な情報を、取り出したりすることも求めています。

　第三層の「読解力」では、Inputにおいて、取り出した情報を処理し、必要な情報を探し出すことが求められます。中学校では、目的に応じて、複数の情報を整理しながら適切な情報を得たりすることを求めています。高等学校では、目的や意図に応じて、実社会の中から適切な題材を決めることや、文章や図表などに含まれている情報を相互に関係付けることを求めています。

（3）国語の「共有」「考えの形成、共有」とIntake

　今回改訂の学習指導要領国語においては、小学校、中学校、高等学校の国語科で育成すべき資質・能力に「共有」「考えの形成、共有」が示されています。これらが新たに取り入れられたことには、注目する必要があります。ここには、対象となる文章の内容の読み取りという従来の国語科授業で培われてきた「読解」を通した、第一層の「読解力」としての「Input→Output」のプロセスのみでなく、第二層・第三層の「読解力」としての「Input→Intake→Output」の構造も加えられたことが認められます。つまり、そこでは、Intakeの内容と質とが問われているのです。

①小学校国語の「共有」

　『小学校学習指導要領（平成29年告示）解説　国語編』に取り上げられた「共有」（平成29年7月）では、次のように示されています（pp.37-38）。

> ○共有
> 　文章を読んで感じたことや考えたことを共有し、自分の考えを広げることを示している。
> 　「共有」とは、文章を読んで形成してきた自分の考えを表現し、互いの考えを認め合ったり、比較して違いに気付いたりすることを通して、自分の考えを広げていくことである。
> 　第1学年及び第2学年では、感じたことや分かったことを共有すること、第3学年及び第4学年では、一人一人の感じ方などに違いがあることに気付くこと、第5学年及び第6学年では、自分の考えを広げることを示している。
> 　なお、「共有」に関する「思考力、判断力、表現力等」は、小学校において重点的に育成することとしており、中学校においては小学校で身に付けた力を活用して、自分の考えを形成していくこととしている。

　小学校の国語では、Inputにおける「読解」の対象を文章としています。文章を対象としてInputが正確に理解できることを目標としています。

　Intakeでは、対象とする文章を読むことを通して、自己のコンテクストを基に文章との対話を通して読みを形成することが求められます。

　Outputでは、自分がIntakeした「読解」のみを発信して終わりとするのではなく、教室の他者との共有を図り、自己相対化を図ることを求めています。ここでは、言語活動として、「個別最適な学び」を通して「協働的な学び」が重要となります。

　さらに、小学校では、児童の低学年、中学年、高学年、それぞれにおいて発達段階に応じた「読解」を求めています。

②中学校国語の「考えの形成、共有」

　『中学校学習指導要領』（平成29年告示）解説　国語編』（平成29年7月では、「考えの形成、共有」は、次のように示されています（pp.37-38）。

> ○考えの形成、共有
> 　文章を読んで理解したことなどに基づいて、自分の考えを形成することを示している。「考え

の形成」とは、文章の構造と内容を捉え、精査・解釈することを通して理解したことに基づいて、自分の既有の知識や様々な経験と結び付けて考えをまとめたり広げたり深めたりしていくことである。

　第1学年では、自分の考えを確かなものにすること、第2学年及び第3学年では、考えを広げたり深めたりすることを示している。

　また、小学校では、「共有」の学習過程に個別の指導事項を設け、文章を読んで感じたり考えたりしたことを共有する「思考力、判断力、表現力等」を示している。中学校においては、小学校において身に付けた力を生かし、自分の考えを他者の考えと比較して共通点や相違点を明らかにしたり、一人一人の捉え方の違いやその理由などについて考えたりすることが重要である。そうした中で、他者の考えのよさを感じたり、自分の考えのよさを認識したりすることが、第3学年の人間、社会、自然などについて、自分の意見をもつことにつながる。

　中学校の国語では、社会生活で必要とされる、対象となる文章の構造と内容を正確に理解したり批判的に読んだりすることや、複数の情報を整理しながら適切な情報を得たりすることを、Inputにおいて求めています。

　そしてInputした内容を、精査・解釈することを通して理解し、自己のコンテクストを基に対象化することで、他者との共通点や相違点を自覚し、自己相対化を通してメタ認知し、考えを広げたり深めたりする自己認識を行うことがIntakeになります。

　Outputでは、言語活動として、理解したことや考えたことについて討論したり文章にまとめたりすることを通し、自己認識したことを基に、意見として表現を工夫して表出し、他者に説明することが求められます。

③高等学校国語の「考えの形成、共有」

　『高等学校学習指導要領(平成30年告示)解説　国語編』(平成30年7月)では、「考えの形成、共有」は、次のように示されています (pp.58-59)。

　○考えの形成、共有

　　文章を読んで理解したことなどに基づいて、自分の考えを形成し、探究することを通して自分の考えを広げたり深めたりすることを示している。

　　「考えの形成」とは、文章の構造と内容を捉え、精査・解釈することを通して理解したことに基づいて、自分の既有の知識や様々な経験と結び付けて考えを広げたり深めたりしていくことである。

　　「言語文化」の「オ」では、作品の内容や解釈を踏まえ、自分のものの見方、感じ方、考え方を深め、我が国の言語文化について自分の考えをもつこと、「論理国語」の「カ」では、人間、社会、自然などについて、文章の内容や解釈を多様な論点や異なる価値観と結び付けて、新たな観点から自分の考えを深めること、「文学国語」の「カ」では、作品の内容や解釈を踏まえ、人間、社会、自然などに対するものの見方、感じ方、考え方を深めること、「古典探究」の「オ」では、古典の作品や文章について、内容や解釈を自分の知見と結び付け、考えを広げたり深めたりすること、「カ」では、古典の作品や文章などに表れているものの見方、感じ方、考え方を踏まえ、人間、社会、自然などに対する自分の考えを広げたり深めたりすることを示している。

「論理国語」の「キ」では、設定した題材に関連する複数の文章や資料を基に、必要な情報を関係付けて自分の考えを広げたり深めたりすること、「文学国語」の「キ」では、設定した題材に関連する複数の作品などを基に、自分のものの見方、感じ方、考え方を深めること、「古典探究」の「キ」では、関心をもった事柄に関連する様々な古典の作品や文章などを基に、自分のものの見方、感じ方、考え方を深めること、「ク」では、古典の作品や文章を多面的・多角的な視点から評価することを通して、我が国の言語文化について自分の考えを広げたり深めたりすることを示している。なお、この学習過程においては、いずれの指導事項も、探究的な学びの要素を含むものとして示している。

　上記で取り上げている高等学校国語の各科目に示されている「2 内容」の「読むこと」〔思考力、判断力、表現力等〕の指導「事項」を、以下に参考として示します。

「言語文化」
オ　作品の内容や解釈を踏まえ、自分のものの見方、感じ方、考え方を深め、我が国の言語文化について自分の考えをもつこと。

「論理国語」
カ　人間、社会、自然などについて、文章の内容や解釈を多様な論点や異なる価値観と結び付けて、新たな観点から自分の考えを深めること。
キ　設定した題材に関連する複数の文章や資料を基に、必要な情報を関係付けて自分の考えを広げたり深めたりすること。

「文学国語」
カ　作品の内容や解釈を踏まえ、人間、社会、自然などに対するものの見方、感じ方、考え方を深めること。
キ　設定した題材に関連する複数の作品などを基に、自分のものの見方、感じ方、考え方を深めること。

「古典探究」
オ　古典の作品や文章について、内容や解釈を自分の知見と結び付け、考えを広げたり深めたりすること。
カ　古典の作品や文章などに表れているものの見方、感じ方、考え方を踏まえ、人間、社会、自然などに対する自分の考えを広げたり深めたりすること。
キ　関心をもった事柄に関連する様々な古典の作品や文章などを基に、自分のものの見方、感じ方、考え方を深めること。
ク　古典の作品や文章を多面的・多角的な視点から評価することを通して、我が国の言語文化について自分の考えを広げたり深めたりすること。

　高等学校学習指導要領の国語では、共通必履修科目と選択科目のそれぞれの科目で、国語として育成すべき資質・能力が示されています。「読解力」（Reading Literacy）の育成の観点からは、「Input→Output」という構造よりも、「Input→Intake→Output」の構造の中でのIntakeの内容と質が問われます。さらに、Outputとしての表出の内容と質も問われます。
　高等学校の国語では、読むことの対象となる素材の文章は、これまで国語の授業で扱ってきた内容の

ものを継承しつつ、Inputにおいて、一つの文章を対象とするだけではなく、様々な文章や多面的・多角的、多義的な視点も取り入れた「読解」に転換を図ろうとしています。例えば、古典に関しても、現代語に置き換えて内容を理解・把握するだけではなく、様々な見方や考え方を探し出したりすることも求められています。

　これまでの国語の授業では、Inputとして書かれている文章のみを「読解」の対象としてきました。しかし、様々な媒体を活用したり対象としたりすることを通して、これまで行うことのできなかった新しい国語の授業を展開することにより、Inputの対象に広がりと深まりが生まれます。

　高等学校における「考えの形成、共有」は、Inputで「探究」を対象化していないものの、Intakeにおいては、「文章を読んで理解したことなどに基づいて、自分の考えを形成し、探究することを通して自分の考えを広げたり深めたりすること」とあり、「探究」の学びも視野に入れていることが分かります。

　Intakeでは、自己のコンテクストを基に、様々な対象を「探究」することを通して読みを広げたり深めたりすることが可能になります。それまでの自分のコンテクストに依拠するだけでなく、他者理解や社会状況の中からのさまざまな見方や考え方を、読み手が自己相対化をしたり矛盾を見つけて対処したりして、自分のそれまでの認識の在り方を再構成・再構築することも求められます。

　Outputでは、表現の仕方の工夫を通して「読解」した内容の説明を行うだけではなく、他者を説得する表現の充実を図ることも求められます。

　国語においてもICTを活用することで、例えば、国語便覧で写真を見ることしかできなかった古い建物や街の様子、衣装等を、コンピュータグラフィックによって再現することも不可能ではなくなりました。また、古典へのものの見方、感じ方、考え方についても、Inputしたものから多面的・多角的にIntakeを図り、生徒一人一人の見方、感じ方、考え方をそれぞれの方法を用いてOutputすることにより、「読解力」（Reading Literacy）の育成を図ること等も可能となりました。

　国語科で育成する資質・能力は、言語活動を通して育成されます。そのためには、これまでの教師が主語（となって教えたいことを教える）の講義中心の授業から、一人一人の生徒を主語として、Communication（コミュニケーション）、Critical thinking（批判的思考、吟味・評価し熟考する）、Collaboration（共働、協同、協力）、Creativity（創造力、創造性）の資質・能力の育成を図る授業へと、パラダイムシフトすることが求められています。そこでは、「Input→Intake→Output」のプロセスの中で、生徒一人一人の資質・能力の育成が図られることになります。

（4）Outputとしての文章力の育成

　「Input→Intake→Output」というプロセスにおいて、Outputは、主体としての「読解」についてその内容を表出するものです。自分の考えやものの見方を他者に理解してもらうためには、他者にわかりやすい表現で表出することが重要となります。それが、文章力です。

　文章力は、表出（Output）のみに関わるものではありません。文章を書く一人一人にInputがあり、Intakeを通して、Outputするというプロセスが重要となります。文章はOutputされたものですが、Outputするに当たってのInputとIntakeの内容と質とが問われることにもなるのです。

　表出（Output）において、「話すこと」は、音声言語であるため録音する以外に記録に残すことはできません。「Input→Intake→Output」というプロセスにおいては、「書くこと」としての文章力が重要となります。「Input→Intake→Output」では、課題を自分のものとする行為（Input）の中で、派生したさまざまな「問い」を整理して自分のものとします。その上で自己のコンテクストとの対話を行う

こと（Intake）を通し、「書くこと」による表出（Output）をすることで、他者とのつながりを持つことになります。

　学校教育においては、小学校、中学校、高等学校のそれぞれの国語の時間に、表出するための国語の資質・能力育成を図るべく、授業において「話すこと・聞くこと」「書くこと」の指導が行われています。小学校や中学校では、「話すこと・聞くこと」「書くこと」の授業は教科書に沿っても行われています。しかし、高等学校においては、特に、文章力の育成のための「書くこと」の指導が十分に行われていないという状況があるのではないでしょうか。

　大学においても、学生に文章力を求めるようになってきています。昨今の大学のホームページを見ると「レポート、論文の書き方」を、多くの大学で取り上げていることがわかります。ここには、大学での学びに必要な文章力の育成が、高等学校卒業までになされていないという現状が認められるのではないでしょうか。

　学習指導要領には、次代に求める資質・能力の内容の具体が示されています。

　2009（平成21）年度告示の高等学校学習指導要領国語の必履修科目「国語総合」では、「書くこと」の指導「事項」は、以下のように示されています。（授業時数については、表4－C参照）

> **B書くこと**
> (1) 次の事項について指導する。
> ア　相手や目的に応じて題材を選び、文章の形態や文体、語句などを工夫して書くこと。
> イ　論理の構成や展開を工夫し、論拠に基づいて自分の考えを文章にまとめること。
> ウ　対象を的確に説明したり描写したりするなど、適切な表現の仕方を考えて書くこと。
> エ　優れた表現に接してその条件を考えたり、書いた文章について自己評価や相互評価を行ったりして、自分の表現に役立てるとともに、ものの見方、感じ方、考え方を豊かにすること。

平成21年告示　高等学校国語の各科目の領域における授業時数			
科　目 (単位数)指導時数	「2　内容」		
	話すこと・聞くこと	書くこと	読むこと
国語総合(4)140	15〜25単位時間 程度	30〜40単位時間 程度	
国語表現 (3) 105	生徒の実態等に応じて，話すこと・聞くこと又は書くことのいずれかに重点を置いて指導することができる。		
現代文A (2) 70			
現代文B (4) 140			
古典A (2) 70			
古典B (4) 70			

表4－C

　2018（平成30）年告示の高等学校学習指導要領国語の必履修科目の「現代の国語」における「書くこと」の指導「事項」は、以下のように示されています。

B 書くこと

(1) 書くことに関する次の事項を身に付けることができるよう指導する。

ア　目的や意図に応じて、実社会の中から適切な題材を決め、集めた情報の妥当性や信頼性を吟味して、伝えたいことを明確にすること。

イ　読み手の理解が得られるよう、論理の展開、情報の分量や重要度などを考えて、文章の構成や展開を工夫すること。

ウ　自分の考えや事柄が的確に伝わるよう、根拠の示し方や説明の仕方を考えるとともに、文章の種類や、文体、語句などの表現の仕方を工夫すること。

エ　目的や意図に応じて書かれているかなどを確かめて、文章全体を整えたり、読み手からの助言などを踏まえて、自分の文章の特長や課題を捉え直したりすること。

　さらに、同じく、必履修科目の「言語文化」における「書くこと」の指導「事項」は、以下のように示されています。

A 書くこと

(1) 書くことに関する次の事項を身に付けることができるよう指導する。

ア　自分の知識や体験の中から適切な題材を決め、集めた材料のよさや味わいを吟味して、表現したいことを明確にすること。

イ　自分の体験や思いが効果的に伝わるよう、文章の種類、構成、展開や、文体、描写、語句などの表現の仕方を工夫すること。

　なお、2018 (平成30) 年告示の高等学校学習指導要領国語の授業時数は、表4－Dのように変わりました。

平成30年告示　高等学校国語の各科目の領域における授業時数			
科　目 (単位数)指導時数	「2　内容」〔思考力, 判断力, 表現力等〕		
	話すこと・聞くこと	書くこと	読むこと
現代の国語(2)70	20〜30単位時間 程度	30〜40単位時間 程度	10〜20単位時間 程度
言語文化(2)70		5〜10単位時間 程度	【古典】 40〜45単位時間 程度 【近代以降の文章】 20単位時間 程度
論理国語(4)140		50〜60単位時間 程度	80〜90単位時間 程度
文学国語(4)140		30〜40単位時間 程度	100〜110単位時間 程度
国語表現(4)140	40〜50単位時間 程度	90〜100単位時間 程度	
古典探究(4)140			※

（※「古典探究」については，１領域のため，授業時数を示していない。）

表4－D

上記の高等学校国語の授業における「書くこと」の指導「事項」には、これまで以上に「書くこと」の資質・能力の育成を図ることを求めていることが認められます。ここでは、必履修科目としての「現代の国語」と「言語文化」の指導「事項」を示しましたが、今回の学習指導要領改訂では、選択科目としての「論理国語」「文学国語」「国語表現」においても「書くこと」の資質・能力の育成を重視していることが認められます。

　これまで、大学入学者選抜試験においては、「書くこと」よりも「読むこと」の問題が多かったということも、「書くこと」の指導が高等学校の国語で取り上げられてこなかったことの要因の一つであります。ただ、後述するように、今日、大学入学者選抜試験の方法は大きく変わろうとしています[5]。大学入学者選抜試験においても、これまでの知識の習得量と再生の正確性のみを求めるのではなく、大学入学後に「何を学ぶか」「どのように学ぶか」「何ができるようになるか」を明確にして、大学進学をすることが求められるようになってきているのです。そこで、Outputとしての表出に必要な文章力の育成は、国語科のみならず、高等学校教育全体で充実を図ることが求められるようになっています。但し、Outputする資質・能力は、高等学校のみで育成されるものではなく、小学校、中学校の授業を通して少しずつ段階的に育成すべきであることは、言うまでもありません。小学校、中学校で育成すべき「話すこと・聞くこと」「書くこと」のOutputとしての内容は、小学校と中学校の学習指導要領国語に具体が示されていますし、その育成を図ることもたいへん重要です。

　大学において文章力が求められるのは、卒業時の出口としての社会からの期待もあります。そうした期待に応えるべく、資質・能力としての文章力の育成を図ることが大学でも求められているのです。しかし、だからといって、大学で文章の書き方のみを具体的に指導しても、文章力の育成にはつながらないと考えます。文章表現の方法を形式として身に付けるだけでは、文章力の育成にはなりません。文章力の育成には、「Input→Intake→Output」のプロセスが重要となります。「読解力」（Reading Literacy）は、文章力育成の基盤となる資質・能力でもあります。そこで、「Input→Intake→Output」のプロセスを意識し、書き慣れることが求められるのです。

　「書くこと」は、一朝一夕にはできるようになりません。日々の授業の中で、書くことの日常化を図るためには、後述するように、日々の授業におけるノートの充実を図ることが効果的だと思われます。今日、授業で多く用いられているワークシートへの記入、特に、短答式の答え合わせのような作業では、それをいくら繰り返しても、授業で「書くこと」の資質・能力の育成を図ることは難しいと考えます。文章力の育成には時間がかかります。「Input→Intake→Output」のプロセスを対象化し、意識して文章を書くことを繰り返し、徐々に慣れていくことによって、少しずつ実現できるようになってくるものなのだと思います。

---

[5] 本書の第6章「2.『探究』という学び（1）高等学校教育と大学入学者選抜試験の転換」を参照してください。

第5章

「読解力」
(Reading Literacy)
を育成する授業づくり

1 「聴いて 考えて つなげる」授業[1]

（1）「Input→Intake→Output」の授業を行う目的

「読解力」（Reading Literacy）が求める資質・能力の育成を図る授業として、「聴いて 考えて つなげる」授業があります。

「聴いて 考えて つなげる」の構造は、下記のようになります。

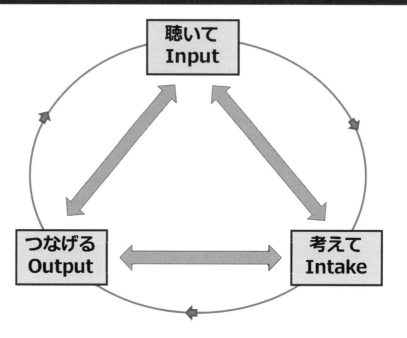

図5－A

「聴いて」では、他者のものの見方や考えを、受信し、取捨選択をして、探し取り出して、自分に取り入れることを行います。

「考えて」では、他者の考えを「聴く」ことで自分の考えを相対化し、解釈して咀嚼し、自分が考えたり理解したりしたことを広げたり深めたり、修正したりすることを行います。

「つなげる」では、自分の考えや理由を判断することを通して明確にして評価し、評価した内容を他者と関わり合うために説明したり説得したりする表出を行います。

「聴いて」「考えて」「つなげる」は、学習のプロセスとして截然と分けられるものではなく、聴きながら考えを広めたり深めたりし、受け取った内容や情報をもとに初めの考えを吟味したり再構成したりして、教室で他の学習者と対話することを通して、考えを整理したりまとめたりする往還作用を行うことが重要となります。

---

[1] 「『聴いて 考えて つなげる』授業」の導入の経緯と授業づくりの具体については、拙著『変わる学力、変える授業。』（三省堂 2015年）を参照してください。

　「聴いて」「考えて」「つなげる」の三つのプロセスの循環を、「Input→Intake→Output」としてスパイラルに繰り返し昇華することが、「聴いて 考えて つなげる」授業となります。「聴いて 考えて つなげる」授業は、指導法ではなく、「読解力」(Reading Literacy) としての「Input→Intake→Output」を授業のプロセスとして機能させる授業のことを言います。

　「聴いて 考えて つなげる」は、一人一人の児童生徒に開かれた学びのプロセスであり、授業を通して、児童生徒が「何を学ぶか」「どのように学ぶか」「何ができるようになるか」を実感し、「課題の解決のプロセス」や「授業で学び合うことの意味」を、リフレクション(Reflection)を通してメタ認知し、自己の学習の調整を図ることを目的とした授業です。この授業では、授業を通して身に付ける資質・能力を、一人一人の児童生徒が自覚的に理解して授業に参加することが求められます。児童生徒が「聴いて 考えて つなげる」授業の過程を通してオープンマインドを身に付けることで、クリティカル・シンキングが単なる「他者批判」ではなく、弁証法的な創造へとつながっていくものになることを期待しています。これらの学びによって、児童生徒一人一人に、自覚が生まれ自己効力感が増します。

　「聴いて 考えて つなげる」授業の目的は、第一層の「読解力」として「書き手が書いた文章の趣旨や主旨を理解すること」といった受容的な学びにとどまるものではありません。第二層・第三層・第四層の「読解力」として「Input→Intake→Output」を行う能動的な学びを通して、これからの時代に必要な資質・能力の育成を図ることを目的としています。

　「聴いて 考えて つなげる」授業は、単元や1時間の授業の中で「Input→Intake→Output」の過程を(重層的、あるいは複層的に)繰り返すことで、一人一人の児童生徒のものの見方や考え方を、スパイラルに昇華することを行い、理解の深まりや広がりを追究し、さらに、焦点化を図ります。昇華する過程のどこかで、「ああ、そうか」「わかった」という対象への理解を、深めたり、広げたり、焦点化したりすることを通して、一人一人の児童生徒が、自ら納得解に行き着き、たどり着くことを目指します。

　Inputの対象は、教科書の教材、資料、身の回りの情報や出来事、他の人や先生の発言等、さまざまなものがあります。「Input→Intake→Output」のプロセスの中で、様々な他者のものの見方や考え方に触れ、リフレクション(Reflection)を通したメタ認知により自覚化を図った、自己理解を深めることを行います。

　「Input→Output」としての受容した内容を問うだけでなく、「Input→Intake→Output」のプロセスを通して、国語の学習のみならず各教科の資質・能力の育成を図ると共に、児童生徒の発達段階に即した汎用的な資質・能力の育成を図ることも目指しています。

　「聴いて 考えて つなげる」授業は、明治以降、知識の習得と正確な再生を「学力」としてきた日本の学校教育の質的な転換を図ることを目的としています。簡単に言ってしまえば、「覚える学力」と「考える学力」を共に育成することを目指した授業と言えましょう。

　特に重要なのは、「聴いて 考えて つなげる」授業を通して、児童生徒がInputした内容をIntakeして深い思考をすることであり、その成否が問われます。そのためには、児童生徒に「業」を「授」けるという教師が行いたい授業ではなく、児童生徒が身に付けるべき資質・能力に自ら気付くといった自己の学習を調整する資質・能力の育成を図るため、学びのプロセスを自覚する授業を行うことが重要となります。

　求められているのは、明治以降の日本の学校教育で多く行われてきた、教師が児童生徒に知識を習得させ正確に再生させる授業からの転換を図る授業と言えましょう。そのためには、教師が、児童生徒の「見方を変える」「関わり方を変える」「何を育てるかを変える」ことが、重要となります。

（2）「聴いて 考えて つなげる」授業の意味

　「聴いて 考えて つなげる」授業は、これからの学校教育で育成を目指す4Cと言われる資質・能力、すなわちCommunication（コミュニケーション）、Critical thinking（批判的思考、吟味・評価し熟考する）、Collaboration（共働、協同、協力）、Creativity（創造力、創造性）の育成を図ることにも関わります。

　Inputの対象をCritical thinkingを働かせて「聴いて」、IntakeとしてCollaborationをしながら「考えて」、Outputとして相手意識を持ってCommunicationを図ることで「つなげる」。こうした授業を通して、Creativityを発揮することで、これからの時代が求める資質・能力の育成を図ることを目指しています。

　明治の学制以降、日本の学校教育では、知識の習得と習熟、その再生の質と量とが問われてきました。教育は、未来を創るとも言われます。子どもたちの未来に必要な資質・能力の育成を図ることが、今日の教育には求められています。

　日本の学校教育では、2017・2018（平成29・30）年告示の学習指導要領において、知識及び技能（コンテンツ・ベース）を獲得・習得するだけでなく、思考力・判断力・表現力等（コンピテンシー・ベース）といった資質や能力の育成を図る内容に大きく転換しました。それは、先にも書きましたが、「学びに向かう力、人間性等」の育成につながるものです。

　ICTの時代となった今日、知識の習得は、インターネット等で調べることで対応可能となりました。今問われているのは、思考力・判断力・表現力等の育成です。この資質・能力の育成は、今日学んで、明日できるようになるようなものではありません。小学校6年間、中学校3年間、さらに、高等学校での授業を通して育成を図るスパンの長いものとなります。

　「聴いて 考えて つなげる」授業は、教室における児童生徒相互のコミュニケーションがたいへん重要で、「Input→Intake→Output」の関係性を授業として成立させることが求められます。その関係性は「聴いて 考えて つなげる」授業の基盤であり、小学校低学年から意識させる必要があります。「あたたかな聴き方」「やさしい話し方」の趣旨を児童生徒が理解し、「主体的・対話的で深い学び」の習得と習熟を図らなくては、これからの時代が求める授業として成立させることができません。

　「あたたかな聴き方」では、相手のことを分かろうとして聴くことが求められます。「やさしい話し方」では、相手に分かってもらおうとして話すことが求められます。そのような関係性の中に、教室でのコミュニケーションが生まれます。

　「聴いて 考えて つなげる」授業では、「あたたかな聴き方」と「やさしい話し方」を行うことによって、以下の学びが成立するようにします。

　○受容的な態度、共感的な態度、他者の尊重を図ります。
　　・教室は、集団として学ぶ「場」であることを、一人一人の児童生徒が認識するようにします。
　○教室を安心感のある居場所となるようにします。
　　・居場所づくりとして、
　　　安心して自分の考えが言える「場」としての教室づくり
　　　間違えても笑われない「場」としての教室づくり
　　　児童生徒どうしが認めあえる「場」としての教室づくり
　○教室というコミュニティーの確立を目指します。
　　・自分と友達との違いが分かり、互いに認め合う「場」としての教室づくり
　「あたたかな聴き方」「やさしい話し方」を教室で行うことにより、他者との関わりの中で、自己効力

感の育成を図ることが可能になります。

「あたたかな聴き方」の具体の内容は、次のものです。

・話す人の方を向いて聴くことができる。

・話を最後まで聴くことができる。

・自分の考えと比べ、同じ、同感、納得などをしながら聴くことができる。

・自分の考えとの違いを考えて聴くことができる。

・友だちの話や考えを復唱できるように聴くことができる。

・自分の考えと比べ、似ている、少し違うなど意識しながら聴くことができる。

・自分の考えを持って聴くことができる。

・話を聴いて反応することができる。

・内容を確認しながら聴くことができる。

・相手の話を理解しようとして聴くことができる。

・聴いた内容について、相談することができる。

・相手がなぜそう思ったのかを、考えながら聴くことができる。

・考える内容を深めるために相談相手を選択することができる。

・話す人の立場や想いに寄り添って聴くことができる。

・課題に沿った話し合いができているかを考えながら聴くことができる。

「やさしい話し方」の具体は、次のものです。

・相手の方を向いて話すことができる。

・相手に聞こえるような声で話すことができる。

・言いたいことを区切って話すことができる。

・席が近くの人と相談することができる。

・自分の立場を明らかにして話すことができる。

・聞き手の反応を確かめながら話すことができる。

・自分の意見の根拠や理由を言うことができる。

・結論から話し、根拠を明らかにして話すことができる。

・他の人の発言や考えにつなげて自分の話をすることができる。

・他の人に変わって、その人の考えを説明して話すことができる。

・聞き手の反応やつぶやき、表情を読み取って話すことができる。

・話し合いの論点に沿って自分の出番を考えて話すことができる。

・課題解決や課題についての方向を考えて話すことができる。

・資料や例えを使いながら説明することができる。

「あたたかな聴き方」と「やさしい話し方」は、汎用的な資質・能力でもあります。一人一人の児童生徒にとって、国語という教科のみならず、学校教育における全ての教科科目の学習に必要な資質・能力です。

「聴いて 考えて つなげる」授業では、一人一人の個と集団との関係性を創ることが重要となります。それにより、「個別最適な学び」と「協働的な学び」が機能し、資質・能力の育成としての深い学びの実現を図ることができる教室となります。「主体的・対話的で深い学び」の授業の「対話的」な学びを行うためには、「あたたかな聴き方」と「やさしい話し方」を行うことにより、学級というコミュニティーを安心感のある居場所として創出することが必要になります。そうした場こそが、学習者が主体となる

授業を可能にするのです。また、そうした場の創出は、「Learning Compass2030」（図1 - B 本書p.17）に示されたStudent agencyの育成にもつながるのです。

2 授業観の転換を図る

（1）児童生徒が主語となる授業

「聴いて 考えて つなげる」授業は、児童生徒が互いに発言を聴き合い、考え、つなげる授業です。教師はできるだけ発言せず、児童生徒が主体となって授業を展開します。これまでの日本の学校教育では、教師が発問や説明や指示を行うことで、授業を成立させてきました。「聴いて 考えて つなげる」授業では、教師の発言や出番をできるだけ少なくし、できれば単元や授業の初めに「問い」を出すだけにとどめることが求められます。そうすることで、そこには児童生徒が主語となる授業が生まれます。授業の時間は限られていますから、教師が発言することによって、児童生徒の発言の時間は短くなります。「聴いて 考えて つなげる」授業では、児童生徒たちだけで、授業が展開することを理想とします。

「児童生徒が主語」の授業といっても、授業の全てを児童生徒に任せる訳ではありません。授業を通して育成すべき資質・能力は、意図的・計画的に設定しなければ、その育成を図ることはできません。学習者主体の授業といって、「自由」という名の下に児童生徒に全てを任せてしまっては、学校教育で資質・能力の育成を図ることはできません。育成すべき資質・能力の設定は、学校として意図的・計画的に行わなければ、カリキュラム・マネジメントとして成立しません。カリキュラム・マネジメントは、児童生徒が主語となる授業づくりのためにあるのです。

児童生徒は、当該学年や当該単元の授業において、どのような資質・能力を身に付けるかという目標の設定をしたり、授業として具体化を図ったりすることは、自身ではできません。児童生徒は、授業を通して身に付けるべき資質・能力の内容、カリキュラム・マネジメントとしての教育課程を理解してはいません。ですから、児童生徒に、「自由」という名の下に、授業の全てを任せることは、ある意味、無責任な授業づくりと言えましょう。授業づくりの主体は、学校であり教師であり、児童生徒ではないのです。

これからの時代、授業づくりにおける教師の主体性が、これまで以上に問われます。カリキュラム・マネジメントとしての教育課程の編成は、資質・能力の育成を図るために、各学校のそれぞれの児童生徒の実情に即して教師が行うことになります。「児童生徒が主語」の授業とは、児童生徒が学ぶことの意味を理解し、主体として学ぶ目的や意志を持って、自ら学ぼうとしていることを指すのであり、教育課程の編成や授業計画を児童生徒に任せるということではありません。

（2）繰り返しや学び直しを行う

ここで、日本の学校教育を振り返ってみます。1903（明治36）年、小学校令の改正によって国定教科書の使用が始まり、それはアジア太平洋戦争の敗戦まで続きました。教科書の目次にしたがって、書かれていることを順番どおりに教える。このことは、国定教科書制度によって、学校教育に根付いたと言ってもよいのではないでしょうか。

　今日でも、自校の児童生徒の実態に沿って教育課程を編成することなく、教科書に書かれていることを目次の順にしたがって教える、ということが行われていないでしょうか。教科書では、同じ学習内容が繰り返し扱われるということはほぼありません。どんな学習内容も、一度しか扱われないことが多いのです。教科書を目次の順に教えるだけでは、当該学年において、学習内容における重要な箇所や一度で習得することの難しい箇所を繰り返し学ぶことは行いにくくなり、さらに、学年を超えた学び直しなどは、より行い難くなります。しかし、児童生徒にとっては、一回の授業で分からない学習内容については、同じ学年の中で繰り返し学んだり、学年を越えて学び直しを行ったりして学ぶことが必要なのです。

　これからの時代に必要な資質・能力の育成を図るためには、たとえ教科書に示されている内容であっても、目次の順に縛られる必要はありません。各学校では、主たる教材としての教科書を拠り所にしつつも、学習指導要領に示された内容を基に、教育課程の編成を行い(カリキュラム・マネジメント)、学習内容によっては、繰り返し学ぶことや学年を越えて学び直しを行うことが必要なのではないでしょうか。

　学習の繰り返しや学び直しを行うには、年間での指導時数の調整が必要となります。そこで、各学校には、年間指導計画等の教育課程の編成が求められるのです。カリキュラム・マネジメントとしての教育課程の編成は、基本的には、学校全体の視点で行うことが求められます。その上で、各学校の児童生徒の実態を把握した教師の視点で、実態を考慮に入れた細やかな調整を行う必要があります。ただし、教育課程の編成を教師が行うことは重要ですが、それがそのまま「教師が主語」の授業にならないよう、児童生徒を主語とした視点から教育課程の編成を行うことに留意することが求められます。

(3)「学びのプラン」の活用

　「何を学ぶか」「どのように学ぶか」「何ができるようになるか」の主語は、児童生徒です。

　これまでの学校は、教師が主体となって「教える」ことが重視されていました。明治の学制以降、学校は、知識や技能の習得と習熟を図る場として機能してきました。しかし、時代は大きく転換してきています。例えば、電話機は、共用が当たり前で設置場所も固定されていた時代から、一人一台で持ち歩き自在のスマートフォンの時代になっています。自動車もガソリンで走ることから、EV（Electric Vehicle 電動車）に変わろうとしています。さらに、店で買い物をするとき、現金で支払いを行うのではなく、電子マネーによる決済を利用する日常になりつつあります。セルフレジの店も増えてきています。教育に求められるものも、同じように時代の中で変わってきているのです。次代の教育は、教師が知識を教えるのではなく、児童生徒自らが資質・能力を主体的に身に付けることが求められているのです。そこで、Well-beingの実現に向けてStudent agencyの育成が重要となります。

　「児童生徒が主語」の授業を行おうとすると、教師の役割もこれまでと大きく変わらざるを得ません。例えば、これまで授業研究をするとき、学習指導案を書くことがありました。学習指導案は、教師が主体となって行う授業構想です。児童生徒を主語にするならば、学習指導案ではなく、児童生徒が如何に学ぶかという「学びのプラン」[2]が求められます。教師主体の授業観からの転換が、授業研究の内容や形式にも求められる時代となったのです。

　「学びのプラン」は、1時間単位の授業ではなく、単元のまとまりとしての授業のプロセスを対象とします。単元の授業では、「何を学ぶか」「どのように学ぶか」「何ができるようになるか」というその単元で学ぶ授業内容を、「見通し・期待」（Anticipation）から「振り返り・省察」（Reflection）まで、その全体を示し、当該単元で身に付けるべき資質・能力の内容を、児童生徒が理解し、自覚して授業に臨むことを行います。さらに学習評価がどのように行われるのかについても、単元の初めの授業で児童生徒に「見

通し・期待」（Anticipation）として示し、児童生徒自らが、その単元で、どのような資質・能力を身に付けるのかを理解し納得した上で、授業に取り組むようにします。

「学びのプラン」は、児童生徒が目的意識を持って授業に参加し、主体的に授業に取り組めるようにするためのプランでもあるのです。

また、「学びのプラン」を示すことによって、授業中に授業内容が分からなかったり、理解できなかったりした場合でも、後から学び直しをすることが可能になります。或いは、その単元の授業で身に付けるべき資質・能力や授業過程と内容が予め示されているため、児童生徒は自分で学ぶこともできます。

また、授業を欠席した時や、不登校等によって授業に参加することができない場合にも、「学びのプラン」の活用によって、その単元の授業では「いつ・どのように・何を学ぶか」を共有することにもなります。

このような授業を行うには、授業における教師の役割や立場、授業というものの考え方についても転換を求められます。これまで教える主体としての役割を担ってきた教師が、児童生徒の「見方を変える」「関わりを変える」「何を育てるかを変える」ためには、時にアドバイザーであり、カウンセラーであり、コーディネーターであり、ナビゲーターであり、ファシリテーターであることが求められます。教師は、その役割を果たせるような主体となるよう、自らの授業観の転換を図らなくてはなりません。

これまでの授業から、これからの時代が求める授業に、転換を図ることが必要だということには理由があります。これまでの社会が学校教育に求めていたのは、「上質で均質な労働者の育成」でした。それは、18世紀半ばの産業革命期に求められた教育でもあります。そこでは、黒板を使った一斉授業で、効率の良い画一化した教育が行われていました。そこでの授業は、教師が教えたい内容の授業を行い、教えたことに対して教師が満足を得る授業でもありました。

しかし、これからの時代が求めているのは、「個別最適な学び」を通して、一人一人の個性を認める教育です。個性を認めるといっても、それは決して独りよがりの個性ではありません。「協働的な学び」を通して自己の相対化が図られた個性です。そうした個性を認める学びを通して、児童生徒一人一人が満足を得る。そのような授業が求められているのです。

これからの時代、学校教育では教育の多元化と多様性を保証することが重要となります。「個別最適化」を図る一人一人の個としての学びだけではなく、「個別最適な学び」を通して他者と関わる「協働的な学び」も重要となります。「主体的・対話的で深い学び」の授業への転換が求められているのはそのためです。そして、このような授業観の転換を図るための授業の具体が「聴いて 考えて つなげる」授業なのです。

---

2 「学びのプラン」の具体については、以下の書籍で説明をしています。
・髙木展郎『評価が変わる、授業を変える』（三省堂2019年5月、pp.175-177）
・髙木展郎、白井達夫、坂本正治『資質・能力を育成する授業づくり　小学校国語　カリキュラム・マネジメントを通して』（東洋館出版社2021年8月、pp.83-84）
・菊池英慈、樺山敏郎、折川司、髙木展郎『資質・能力を育成する小学校国語科の授業づくりと学習評価』（明治図書2021年11月、p.030）
・三藤敏樹、山内祐介、髙木展郎『資質・能力を育成する授業づくりと学習評価　中学校国語　カリキュラム・マネジメントを通して』（東洋館出版社2021年3月、pp.117-130）
・髙木展郎『高等学校国語　カリキュラム・マネジメントが機能する学習評価　「観点別学習状況の評価」を進めるために』（三省堂2021年12月、pp.60-64、p.90）

3 | 「聴いて 考えて つなげる」授業の実際

(1) 「分からない」「間違える」ことの大切さ

　小学校の授業では、教師が子どもに向かって「分かる人（はいますか？）」と呼びかけ、子どもに手を挙げさせて回答を求めるということが行われてはいないでしょうか。中学校や高等学校では、生徒が手をあまり挙げなくなるので、教師が生徒を指名して回答を求める授業が行われてはいないでしょうか。また、教師の一方的な発問、説明や解説、指示によって、授業が展開されてはいないでしょうか。そこでは、いずれも「教師が主語」の授業が行われているように思います。

　これからの時代の授業は、教師が主語として、児童生徒に学習の対象となる内容を分からせるのではなく、児童生徒が主語となり、児童生徒が自ら分かるようになる（できるようになる）ことを求めています。学校は、分からない（できない）ことが分かるようになる（できるようになる）場所です。初めから分かっていることは、少ないと思います。ですから、分からない（できない）ということは大切なことなのです。初めから理解できていても、決して分かったつもりにならないことが大切です。分からない（できない）ことが、授業で教室の友達と一緒に考えることを通して、分かるようになる（できるようになる）ことが求められます。

　分からないことだけではなく、間違えることも授業では大切です。間違えることは、分かること・できるようになることへの入り口です。児童生徒は、間違えたり失敗したりしながら成長します。ただし、間違えたこと失敗したことをそのまま放置せず、修正できるようになることが重要です。失敗したことや間違えたことをどのように修正したか、何が分からなかったのかを自ら認識し、それを説明することができれば、これはより深い学びとなります。

　そのためには、教師が説明・解説する授業から、児童生徒が「説明」する授業への転換が求められます。児童生徒が「説明」するという授業を通して分かるよう（できるよう）になる、そのような授業を目指したいと考えます。

　授業の内容を本当に理解することができていれば、単に知識として習得したことを理解するにとどまらず、自分なりに納得したり意味づけたりしたことを自覚しているので、分からない（できない）という他者に対して「説明」ができます。例えば、分かったことを「説明」する際に、「なぜ」や「わけは」という言葉を使って、どのように考えたかを説明することになります。

　このことは、「知識及び技能」の習得のみにとどまらず、それらを活用することになり、他者に「説明」することを通して「思考力、判断力、表現力等」が培われることにつながります。正しい考え方を学ぶだけでなく、異なる考え方があったり間違った考え方があったりすることを知り、なぜ異なるのか、なぜ誤りなのかを理解することを大切にしたいと思います。

　「聴いて 考えて つなげる」授業では、「分からないこと」「間違えること」「できないこと」からの授業づくりが重要となります。ここに、教室という「場」における「協働的な学び」の意味が生かされます。

(2) 「聴いて 考えて つなげる」授業の基盤

　「聴いて 考えて つなげる」授業では、小学校低学年から、授業への向き合い方の指導が重要となります。最も大切にしているのが「聴く」ことです。勉強が好きな子、得意な子というのは、授業をよく「聴いて」

いるのではないでしょうか。逆に、勉強が苦手な子というのは、「聴く」ことがあまり得意ではないことが多いのではないでしょうか。児童生徒が能動的な主体となって「聴く」ことの意味がここにあります。

　授業は、児童生徒の「聴く」（Input）という主体的な学びから始まります。そこに、汎用的な資質・能力としての「あたたかな聴き方」「やさしい話し方」が機能します。言うまでもなく教室は、集団で学ぶ協働的な学びの場です。そこでは、児童生徒一人一人が、他者を尊重して、受容的な態度、共感的な態度で、他者の発言を「聴く」ことが求められます。

　「あたたかな聴き方」「やさしい話し方」によって、教室が、児童生徒が互いに認め合いながら授業する「場」となります。教室が、安心して自分の考えが言える「場」、間違えても笑われない「場」、お互いに認め合える「場」として、安心感のある居場所となります。「あたたかな聴き方」は、相手のことを分かろうとして「聴く」ことです。「やさしい話し方」は、他者意識を持って、相手に分かってもらおうとして話すことです。それにより、教室が自分と友達との違いが分かる「場」にもなります。そこに、教室というコミュニティーが成立します。

　「聴く」ことは、小学校の6年間を通して身に付けるべき資質・能力と言っても過言ではありません。小学校で「あたたかな聴き方」と「やさしい話し方」が身についていると、中学校でも、生徒どうしで授業を行うことができます。小学校で、「あたたかな聴き方」「やさしい話し方」が身についていない場合は、中学校においてそれらを育成することにより、協働的な学びが充実します。

　各学校や学級においては、先に示した（p.103）「あたたかな聴き方」と「やさしい話し方」の全てを行うのではなく、児童生徒の実態に応じた育成すべき資質・能力として、「あたたかな聴き方」と「やさしい話し方」の内容から適宜選択し、例えば、下記の表5－Bのようなステップ表として示すことが求められます。

STEP	あたたかな聴き方	1年	2年	3年	4年	5年	6年
STEP10	課題に沿った話し合いができているのか考えながら聴く					★	★
STEP9	聴いた内容を深めるための相手を選択して相談する					★	★
STEP8	聴いた内容について相談する				★	★	★
STEP7	聴きやすい場所に移動して聴く			★	★	★	★
STEP6	話し手の言いたいことを分かろうとして聴く			★	★	★	★
STEP5	自分の考えと比べながら聴く			★	★	★	★
STEP4	友だちの考えを副賞できるように聴く		★	★	★	★	★
STEP3	うなずいたりつぶやいたりしながら聴く	★	★	★	★	★	★
STEP2	人の話を最後まで聴く	★	★	★	★	★	★
STEP1	話す人の方を見て聴く	★	★	★	★	★	★

STEP	やさしい話し方	1年	2年	3年	4年	5年	6年
STEP10	話し合いの論点に沿って自分の出番を考えて話す					★	★
STEP9	日常生活等の経験をもとに自分の考えを話す					★	★
STEP8	聞き手の反応を確かめながら話す				★	★	★
STEP7	ジェスチャーを交えながら話す			★	★	★	★
STEP6	友だちの考えを詳しく話す			★	★	★	★
STEP5	結論から述べ、根拠を明らかにして話す			★	★	★	★
STEP4	言いたいことを区切って話す		★	★	★	★	★
STEP3	みんなの方を向いて話す	★	★	★	★	★	★
STEP2	みんなに聞こえるような声の大きさで話す	★	★	★	★	★	★
STEP1	指名されたら「はい」の返事をする	★	★	★	★	★	★

表5－B　「聴き方・話し方のステップ表」の例

　ステップ表は、一つの例です。この表の内容にこだわることなく、各学校の児童生徒の実態に合った
ステップ表を作成することが重要です。

　ステップ表の内容は、年度が替わったり学期が変わったりする度に検討して、適宜修正していく必要
があります。児童生徒の発達の状況に応じて、ステップ表の内容をより高次のものにしていくことが求
められます。ただし、小学校1年生の段階は、学校の入門期であるため、毎年同じ内容となります。

　「あたたかな聴き方」と「やさしい話し方」のステップ表は、児童生徒が授業中に見ることのできる
場所に掲示して、常に意識することが重要です。表5－Bとして示したステップ表では、小学校1年生
から6年生までの全体を示しています。各学年の子どもたちが、どの学年でどのような「あたたかな聴
き方」と「やさしい話し方」を身につけるのかを意識するためにも、全体が分かる表として掲示するこ
とが求められます。当該学年のみの「あたたかな聴き方」と「やさしい話し方」とを掲示している学校
もあるようですが、当該学年のみの掲示ですと全体が見えず、児童もステップとしての見通しを持つこ
とができません。

　「聴き方・話し方のステップ表」には、小学校の各学年の具体のInputとOutputの内容が示されています。
当該学年の内容のみを取り出して指導することは可能ですが、小学校6年間の全体を見通すことも重要
となります。どの学年でどのような「聴き方」「話し方」を求めているかの具体を、各学年で常に確認
し意識することが大切です。

　小学校高学年になると、他者の発言を傾聴することができ、教師がタクトを振らなくても、子どもが
自分たちで授業を展開することができるようになります。

　「考える」ということは、とても大切です。ただし、自分一人で考えるだけでは、広がりや深まりの
幅や範囲が狭くなります。教室で学ぶことは、他者の学びを自分に取り入れることに意味があります。
他の人の発表を聴きながら「自分の考えと同じ」「自分の考えと違う」「どこまでが同じで、どこからが
違うか」等、考えながら聴くことが重要です。ここに、授業におけるInputの意味があります。

　「聴いて 考えて つなげる」授業では、「聴いて」Inputしたこと（「主体的な学び」）を基に、教室の
友達との交流を通して「考える」ことを行います。それが、Intakeとなります。そこでは、「対話的な
学び」が機能します。自分が考えたことは、自分一人の内に秘めたままで他の人に伝えなければ、広が
りや深まりは生まれません。また、自分だけの考えは、独りよがりになる可能性もあります。そこで、
Output、すなわち発言によって他の人が考えていることに「つなげる」ことが重要となります。

　「つなげる」ためには、以下の二つが大切なポイントとなります。

　　・いつ発言したら他の人に分かってもらえるかを考えながら聴く

　　・どのように話をしたら、分かってもらえるかを考えて話す

　このことを、「出番」を考えながら聴いたり話したりする、と言います。

　「Input→Intake→Output」のそれぞれに、「聴いて 考えて つなげる」授業の要素が関わっています。
この「Input→Intake→Output」の循環を授業として行う中で「深い学び」が成立します。また、一
人一人の児童生徒にとっては、「Input→Intake→Output」の循環を通して、様々な「読解力」(Reading
Literacy) の育成が図られます。

　「聴いて 考えて つなげる」授業を行うには、小学校低学年からの学び方の蓄積が重要となります。
学校全体がチームとなり、それぞれの学年での学び方を身に付けさせることにより、高学年では、教師
が授業の進行をしなくても、或いは教師が教室にいてもいなくても、子どもたち自身で授業を行うこと
ができるようになります。筆者の関わっている学校では、自習時間にプリントでの学習をしたり児童そ
れぞれが読書をしたりすることがなく、教師が示した学習の「問い」を元に、普段通りの授業を児童だ

けで行っています。

　小学校で「聴いて 考えて つなげる」授業を身に付けていると、中学校に入った生徒は、教師が単元の授業や単位時間の授業において学ぶ内容を的確な「問い」として示しさえすれば、生徒たちだけで授業を展開することができるようになります。

　ある中学校で3年生の生徒が、数学の時間、「私ここが分からないんだけど、教えて」という発言によって授業が始まり、1時間をかけて、生徒どうしがあれこれ話し合い教え合い説明するといった言語活動を行い、授業が終わる頃には、はじめに分からないと言っていた生徒が「分かった」と言うようになった授業がありました。そこでは、教師は1時間発言をすることなく、生徒どうしが教え合い学び合う授業を通して「分からない（できない）こと」が「分かる（できる）ようになる」授業が展開されていました。「聴いて 考えて つなげる」授業の理想的な姿の一つが展開された好例であると言えましょう。

(3)「聴いて 考えて つなげる」授業における「問い」の重要性

　教師は、「聴いて 考えて つなげる」授業において、全体に対して教授するということはありません。しかし、児童生徒が主体的に授業に参加できるよう、資質・能力の育成を図るための的確かつ適切な「問い」を準備することは必須で、且つたいへん重要です。「問い」は単元の授業全体に関わる場合もあれば、1時間単位の授業のための場合もあります。

　授業は、それぞれの学校の年間の教育課程の編成の上に成り立っています。先にも述べていますが、教科書の目次の順に従ってのみ行う授業では、それぞれの学校の児童生徒の実態に合った資質・能力の育成を図ることはできません。それぞれの学校の児童生徒に資質・能力の育成を図ることは、それぞれの学校の学校目標に沿った教育課程の編成、すなわちカリキュラム・マネジメントによって行われます。児童生徒を主語とした授業を行うためにも、カリキュラム・マネジメントは、児童生徒の実態に合わせて、各学校で責任を持って行われることが求められます。

　各学校のカリキュラム・マネジメントを授業として具体化を図るのが、単元の授業における「問い」となります。「問い」の作成は、授業担当者が個人的に行うのではなく、各教科の担当者が責任を持って協議、作成することが求められます。学校によっては、教師が学年を超えて協働して、「問い」を作成しています。各単元の授業で用いる「問い」を蓄積することにより、年間での「問い」が蓄積され、それを年間指導計画に位置付けて教育課程を編成することにより、各教科のカリキュラム・マネジメントになります。

　「聴いて 考えて つなげる」授業において、教師は、児童生徒を正解に導くために発問と説明と指示をすることは行わず、児童生徒が、授業の主体として「Input→Intake→Output」を行えるよう的確かつ適切な「問い」を準備することが重要です。

　児童生徒が主体的に授業をするには、授業の初めに教師は「問い」を提示するのみで、後は全て児童生徒が授業の進行を行います。教師が一言も発しないというようなこともあります。先に示したように、教師がアドバイザー、カウンセラー、コーディネーター、ナビゲーター、ファシリテーターの役割を担う場合です。これまでの授業において教師が担っていた「業」を「授」ける役割を転換する意味はここにあります。

　教師には、児童生徒の発言を傾聴し、授業の方向性がずれた場合には「修正の出」を行って授業の方向を戻したり、内容的に浅かったり、もっと深めたりしたい場合には「深める出」を行って深い学びへの助言をしたり、児童生徒が気付かない良い発言や現れがあった場合には「認める出」を行って発言や

行動の価値付けを行ったりする、といった出番が求められます。「聴いて 考えて つなげる」授業では、教師が教えるということを目的にして児童生徒を誘導しないことが肝心です。そこでは、教師の「聴く力」が問われることとなります。

「聴いて 考えて つなげる」授業を行うには、各教科の特徴や特質、内容を考えて、児童生徒が自ら単元の授業で育成を図る対象となる資質・能力を具体化した「問い」が重要となります。

「問い」は、「何を学ぶか」「どのように学ぶか」「何ができるようになるか」という学びのプロセスを通して育成されるべき資質・能力の内容の具体を示したものです。したがって、「問い」には、単元や授業で学ぶプロセスの「見通し・期待」（Anticipation）としての機能があります。

具体的な「問い」には、以下のものが考えられます。

・単元や題材で求める資質・能力の育成を目指す問い
　→　評価規準の実現を図ることのできる問い
　→　身に付けるべき資質・能力の内容が見通せる問い
・児童生徒が自分の問題として捉えられる問い
・それまでの学習とつながり（系統性）のある問い
　→　既習学習が生きる問い
・根拠が求められる問い
・多様な考えをすることのできる問い
・振り返りのしやすい問い

上記の「問い」を作成するにあたっては、各教科の学習指導要領の「2 内容」の指導「事項」を基にします。学習指導要領の「2 内容」には、育成すべき資質・能力の具体が示されています。

「問い」により、それぞれの児童生徒がInputしたものを、それぞれの児童生徒がIntakeを図り、それぞれOutputするということを螺旋的に繰り返すことにより、「Input→Intake→Output」のプロセスが機能する「聴いて 考えて つなげる」授業となります。

「問い」が学びの「見通し・期待」（Anticipation）として重視されると共に、対をなして重要なのは、「振り返り・省察」（Reflection）です。

授業では、「学びのプラン」によって「学習の見通し・期待」（Anticipation）を立て、授業（Action）を行うことで学習の目的を実現し、学習の課題や内容の理解を図ります。そして、「振り返り・省察」（Reflection）によって、学びの意義（興味・有用性・価値）、学習を通した自分自身への気付き・修正、新たな疑問や課題の確認を行い、次の学びにつなげることになります。

「振り返り」には、授業を通して「何を学んだか」「どのように学んだか」「何ができるようになったか」を児童生徒が自ら確認すると同時に、その内容を自覚することが求められます。具体的には、以下の点について、「振り返り」を行います。

・他者の考えで納得したこと、取り入れたこと
・説明したいと考えたこと、説明できなかったこと
・新たに考えたこと、考えたけどまだ分からないこと、理解できないこと

「振り返り」は、主として観点別学習状況の評価の「知識・技能」「思考・判断・表現」「主体的に学習に取り組む態度」の評価を行う時に合わせて行います[3]。毎時間行う必要は、ありません。「振り返り」は、どの様な資質・能力（学力）が、授業を通して身に付いたかを、メタ認知することになります。特に、

---

[3] 観点別学習状況の評価については、拙著『評価が変わる，授業を変える』（三省堂 2019 年）を参照してください。

「主体的に学習に取り組む態度」の「振り返り」では、自らの学習の調整を図ることが重要となります。

「振り返り」として行う「自己評価」「相互評価」は，児童生徒の学習活動であり，教師が行う評価活動ではないことに留意する必要があります。児童生徒が自身のよい点や可能性について気付くことを通じ、主体的に学ぶ意欲を高めたり学習の在り方を改善したりするためにも、「自己評価」「相互評価」に積極的に取り組むことには、意味があります。

「Input→Intake→Output」を行うためには、それぞれの内容の記録が重要となります。学習の記録にノートは重要な役割を果たします。ノートは、これまで、黒板に書かれた内容を写し、記録にとどめるといった使われ方が殆どだったと言っても良いのではないでしょうか。「振り返り・省察」（Reflection）では、ノートに書かれている内容を跡付け（trace）し、再構成して吟味し意味付けすることが求められます。

（4）自覚的な「Input→Intake→Output」を行う必要性

「聴いて 考えて つなげる」授業では、「Input→Intake→Output」を対象化し、自分の学びを「振り返り・省察」（Reflection）、児童生徒それぞれが自己の学びをメタ認知することを通して、学びを自覚することが重要になります。この学びの行為を行うために有効なのが、自らの学びのプロセスを振り返ることができる記録です。「Input→Intake」した学びを「Output」として表出することで、メタ認知の質を高めます。授業における記録としてのノートは、これまで以上に一人一人の児童生徒にとって、重要かつ意味あるものとなります。

ノートによる学びの記録は、単に黒板を写したり教師の発言を書き留めたりするだけではありません。授業中の学びでの疑問や気づき、考えたこと、分かったこと、分からなかったことも記録しておくことが大切です。

記録としてのノートは、PCやタブレット端末を活用することでも可能です。学びの履歴としての記録は、単元の授業の振り返りだけではなく、学年を越え、校種間を越えての学びを振り返ることを可能にします。例えば、小学校6年生の算数で扱う「比例、反比例」は、中学校1年生で扱う「関数」に繋がります。学年や校種間を越えた系統的な学びが、そこにはあります。学びの記録を、学年や校種間を越えて使えるようにするためには、ノートよりもPCやタブレット端末での記録が有効なのかもしれません。

中学校と高等学校では、この数十年、ノートよりもプリントによるワークシートが多く用いられるようになっています。ワークシートは、教師が教える内容の研究を行って作成しますが、それを用いることで、児童生徒に対し、授業の全体像や授業構成・内容をあらかじめ伝えるということに意味があります。

ワークシートのプラス面には、以下のものが考えられます。

- ・解答が明確に示される。
- ・教師が教えたいことが整理されている。
  - 教師の教材研究の具体が示されていることが多い。
- ・文章の量を書かなくてすむ。

一方、ワークシートのマイナス面には、以下のものが考えられます。

- ・記述の量の枠がある短答式のワークシートは、記述内容が制限される。
- ・学ぶことが、答え合わせとなることが多い。
- ・教師の求める解答の枠組に閉ざされる。
  - 教師の意図することを越える児童生徒の自由な発想や考えを行いにくい。

授業でワークシートを用いると、児童生徒がワークシートに示された「問い」に対して「解答」する

ことになります。ワークシートには、記述を多く行う形式もありますが、短答式で解答を埋めるような形式もあります。

　授業における「問い」を自らのものとしてIntakeするには、Inputの対象となる「問い」が求めているものを、それぞれの児童生徒のコンテクストを基に対象化し、「問い」との対話を通して理解することが重要となります。

　しかし、短答式のワークシートでは、Inputの対象としての「問い」が解答を求めるための直接的なものとなっていることが多く、単なる答え合わせをするための授業となる危険性があります。そこに、短答式のワークシートの限界があるのではないでしょうか。

　そこで、ワークシートを用いて示してきた「問い」をやめて、教師が黒板に書いたりICT機器で示したりした「問い」を、児童生徒がノートに手書きで書き写すことが求められます。「問い」を書き写すことにより、InputしながらIntakeすることが行われます。そのとき、そこには、児童生徒一人一人に「読解」が生まれます。

　小学校の授業で、児童が板書を写す速度が遅いという理由から、授業での「問い」をプリントにしてノートに貼らせることがあります。これもワークシートの場合と同じで、「問い」をInputする時に、手書きで書くことによってIntakeする機会を失わせることになります。「問い」を書き写すことは時間を要すことかもしれませんが、その分「問い」に対する理解が深まったり広がったりすることが期待できるのではないでしょうか。

　「Input→Intake→Output」を行うには、学びの対象を一人一人の児童生徒が自覚することが求められます。そのためには、一人一人の学びのプロセスが記録として残るノートが重要だと考えます。ノートには、個人の思考や判断を、形式や字数にとらわれることなく自由に記すことができます。

　「主体的・対話的で深い学び」の実現に向けた授業改善が求められています。「主体的」な学びにおいては、児童生徒一人一人の考えを主体的に形成することが必要です。そこで、学習の主体としての一人一人が授業に向き合い、自己の考えの形成を図るには、ノートへの記述が重要となります。

　ノートには、「Input→Intake」の思考の内容が、記録として残ります。Intakeにおいては、ノートの記述を通して自己の「学び」の整理と再構成を行います。授業を通して理解したことを記述することだけでなく、授業を通して得た見方や考え方も記述することが求められます。Intakeしたことを、説明や説得としてOutputすることは、学んだことを他者に分かるように表出することになります。そのことにより、自らが身に付けた資質・能力を自覚することにもなります。

　ノートは、黒板に書かれた授業の内容をそのまま写し、知識や技能を習得するだけでなく、授業中に自分で考えたことや理解したことも創意工夫して記すよう、教師が指導をすることが必要です。教師の指導では、優れたノートを見せてまねさせたり、自分なりの表現をさせたり、分量を多く書かせ要点をまとめさせたり、思いや考えを自分の視点でまとめたりすることを通して書き方を習得させ、書くことに抵抗感をなくし、書き慣れるような指導をすることが大切です。

　これからの時代に必要な資質・能力の育成を図るために、ノートによるOutputを通して、「何を学んだか」「どのように学んだか」「何ができるようになったか」ということの「振り返り・省察」(Reflection)に機能するノートづくりをすることが求められます。児童生徒が学習のプロセスを、ノートを書くことを通してメタ認知することで、自覚的な学びが生まれます。ここに「Input→Intake→Output」を通した「読解力」(Reading Literacy)が機能します。

（5）「聴いて 考えて つなげる」授業の具体的な指導内容

　「聴いて 考えて つなげる」授業を行うためは、担任や教科担当の枠組みを超えて、学校全体が「チーム」として取り組むことが求められます。

　具体的にどのように授業づくりをするか、その取り組み方について、次に示します。なお、教師の立場からチェックができるように項目を設定し、チェック欄を設けてあります。

①授業の構成と授業の流れ

□　カリキュラム・マネジメントに基づいて、教育課程を編成し、授業の構成を図る。

> 学校目標 ⇒ 学校経営方針 ⇒ グランドデザインの作成 ⇒ 各教科等の年間指導計画の作成 ⇒ 単元の指導計画の作成 ⇒（単元の「問い」の作成）⇒ 本時の目標の作成 ⇒（本時の「問い」の作成）⇒ 本時の授業 ⇒ 児童生徒による授業の振り返り

□　「主体的・対話的で深い学び」の授業づくりを構成しようとしている。

□　（ア）主体として課題に向き合い、「Anticipation → Action → Reflection」を通して身に付いた資質・能力を自覚したり共有したりして、自分の考えを形成する：【主体的な学び】

　　　（イ）他の人との対話によって、自他の考えの交流を図り、自分の考えに気づいたり、広げたり深めたりする：【対話的な学び】

　　　（ウ）知識を相互に関連付けてより深く理解したり、情報を精査して考えを形成したり、問題を見いだして解決策を考えたり、思いや考えを基に創造したりする：【深い学び】

□　教師の発言をできるだけ控え、児童生徒に考えを「つなげる」ように言わせる授業になっているか。

②見通しを持ち、主体的に学ぶ授業の流れ

□　「学びのプラン」を使用して、単元や本時の授業で児童生徒が身に付ける資質・能力を、具体的に児童生徒に理解させている。

□　「単元の目標」「本時の目標」「評価方法・評価内容」「授業の流れ(学習活動)」を具体的に提示し、見通しを持たせるために児童生徒に「何を学ぶか」「どのように学ぶか」「何ができるようになるか」の具体を示している。

□　児童生徒に「どうする、どうして、なぜ、わけは、だから、どうしたい、どういうこと」を意識して、他の人の話を「つなげる」ことができるように、教師が指導する。

③1人学び

□　1人学びの時間をしっかりとっている。

□　1人学びでは、児童生徒どうしが話したり聞いたりすることなく、一人で集中して取り組む指導をしている。

□　1人学び中、教師が不用意な全体への指示をしない。

□　1人学び中、教師は机間指導を行い、児童生徒の考えを把握しようとしている。

□　教師は、1人学びをする時に、児童生徒に「分からなくても大丈夫」「できなくても大丈夫」「間違えることも大切」という、教室が「安心感のある居場所」になるための声掛けをしている。

☐ 教師は、1人学びの時に、学習が遅れている児童生徒や1人では考えることができない児童生徒には、個別指導や支援を行う。

④ペアワーク・グループワーク

☐ 学習問題としての「問い」を出した後、すぐに回答を求めず、児童生徒が考えを持つ時間をとってから、1人学び、ペアワーク・グループワークをさせている。

☐ 「あたたかな聴き方」「やさしい話し方」の内容を指導し、理解させている。

☐ 「分かっている」人や「できている」人が、一方的に相手に教えるのではなく、一緒に考えようとさせている。

☐ 他の人の発言を聴いた後、「自分なりに反応し、反応を返す」ことができるようになるための、指導をしている。

☐ (教室の前に出て)図・資料・自分の記述等を指差しながら、説明することができるようになるための指導をしている。

☐ 教師は、ペアワーク・グループワークを行っている時、まず、児童生徒が話し合いをしている内容をきちんと傾聴し把握してから、声掛けをする。

☐ 教師は、ペアワーク・グループワークをする時に、児童生徒に「分からなくても大丈夫」「できなくても大丈夫」「間違えることも大切」と声掛けをしている。

☐ 教師は、積極的にペアワーク・グループワークに関わろうとする態度や他者への思いやりを育成している。

⑤「つなげる」場面

☐ 発言する児童生徒は、聴いている人の反応を意識して発言する。

☐ 児童生徒は、いつ発言をしたら他の児童生徒に理解されるか、授業が「つながる」か、「出番」を考えて、発言する。

☐ 発表や話し合いが継続する時には、考える「間」(相談タイム等)を取るようにしている。

☐ 児童生徒に「聴いたこと」を復唱させて、聴かなくてはならない教室状況を作っている。

☐ 復唱では、「○○さんが言ったことをもう一度言ってみて」「○○さんが言ったことを説明してみて」「○○さんが言ったことを隣の人に説明してみて」と、教師が問う。

☐ 他の人の話を聴いている児童生徒に「△△さん、どの部分が分からないか説明してみて」と、教師が問う。

☐ 「あたたかな聴き方」「やさしい話し方」を、教師が指導している。

☐ 他の人の発言を聴いた後、「自分なりに反応したり、反応を返したりする」ことを、教師が指導している。

☐ ペアワーク・グループワークを活用し、児童生徒にアウトプットさせる機会を、積極的にとっている。

☐ 友達に積極的に関わろうとする態度・思いやりを育成している。

☐ 教師の言いたいこと・まとめたいことを、児童生徒に言わせ、まとめさせている。

⑥教師の「出番」

☐ 児童生徒が自分たちで解決できないときに、初めて教師の出番となっている。

- □ 教師の出番には、「修正の出番」「深める出番」「認める出番」がある。
- □ 教師は、発表者を見るのではなく、聴いている児童生徒が見える位置に立つ。
- □ 教師は、発表者ではなく、聴いている他の児童生徒の反応を観察する。
- □ 教師が誘導して、解に導くことをしない。
- □ 教師の目線として、発言している児童生徒を見て、うなずかない。

  （教師のうなずく等の反応によって、児童生徒は教師の求める回答を探ったり行ったりするようになってしまう。したがって、教師は、発言している児童生徒とできるだけ視線を合わせないようにする。）
- □ 教師は絶対に児童生徒の発言を繰り返さない。発言を繰り返したいときは、他の児童生徒に言わせ、児童生徒の聴く力を育てる。

  （教師が児童生徒の発言を復唱することで、児童生徒が他の発言を聴いていなくても済んでしまう教室状況にしない。）

⑦ 「分かった」「できた」に向けての教師の支援

- □ 教師は、「分からない」「できない」児童生徒と「分かった」「できた」児童生徒が一緒に考える時間を設定するなど、つながりを作る。
- □ 教師は、「分からない」「できない」児童生徒に個別指導や支援をする。
- □ 単元で育成する資質・能力の内容と1時間の授業の流れを板書し、学習の流れを提示し、視覚的に支援する。
- □ 板書では、児童生徒の発言や意見を整理して示すのではなく、1時間の授業の流れと、授業で育成すべき資質・能力の内容を示す。
- □ 「学びのプラン」によって、単元の授業で「何を学ぶか」「どのように学ぶか」「何ができるようになるか」の学びのプロセスが分かるように示す。
- □ 「学びのプラン」を単元のはじめに示し、単元の学習の「Anticipation → Action → Reflection」の確認をする。

　上記の内容からも分かるように、児童生徒を主語とした授業を行うには、「学び方」を教師が指導することが重要となります。学び方の指導は、それぞれの教師が個別に行うのではなく、「チーム学校」として、どの教師も指導のベクトルをそろえたり整えたりすることが求められます。

　児童生徒は、担任や教科担当を選ぶことはできません。学校は、年度が替わると担任や教科担当が変わることが多くあります。教師が替わるたびに「学び方」が変わってしまえば、授業の主語であるべき児童生徒に混乱を来します。児童生徒が教師（のやり方）に合わせるのではなく、児童生徒の「学び方」に合わせた授業を行うのが、教師の責務だと思います。児童生徒が「学び方」を身に付けていれば、教師の発問や説明や指示によって解答に誘導する授業から、児童生徒が自ら学び、自ら考えることのできる授業に転換することができます。

　児童生徒の「学び方」に合わせた授業を行うには、教師が児童生徒の目指す資質・能力の育成を図るよう、児童生徒の実態に合わせた学びを構成することが必要となります。そのためには、育成すべき資質・能力の内容を、指導者としての教師が、学習指導要領を基にカリキュラム・マネジメントしておかなければなりません。それが教育課程の編成となります。各学校で、教育課程に示された学ぶ内容としての資質・能力の育成を図るには、児童生徒の「学び方」について、教師が「チーム学校」として合意形成を図り、チー

ムとして授業に取り組むことが重要となります。例えば、授業計画を、これまでの学習指導案のように指導者ごとに作成するのではなく、「学びのプラン」を学校として作成する。さらにそれらを蓄積して、誰もが使えるようにしておくこと等も必要となります。

　学校の主語を児童生徒に置くということは、「自由」という名の下に、子どもたち任せにしたり、子どもたちがやりたいことのみの放任した授業をしたりすることではありません。児童生徒に育成すべき資質・能力の内容を学校として意図的・計画的に設定したカリキュラム・マネジメントに基づく教師による授業づくりの準備が無ければ、児童生徒を主語とした授業を実現することはできません。

「読解力」
（Reading Literacy）
と「探究」の学び

1 学校教育の在り方のパラダイムシフト

「読解力」（Reading Literacy）は、これからの時代に必要な資質・能力です。時代が変わり変化する世界状況の中で、産業構造も変わり、経済状況も変わり、日常生活も、大きく変わろうとしています。日本の学校教育も、今日の日本が置かれている状況の中で変わらなければ、次代を創造することができないのではないでしょうか。教育は、未来を創るためにあります。

「教育の原体験論主義」という言葉があります。「教育の原体験論主義」とは、今日の教育を、自分が受けてきた教育体験を基に、或いは自身の経験にのみ依拠して、捉えたり語ったりすることです。自分の体験や経験を基に今日の教育を語ることが、間違いであるとは言い切れません。しかし、学校教育における自分の体験や経験を語ることは、何年も何十年も前の自分が受けた限定的な学校教育を語ることになります。原体験の教育にとどまっていては、時代や状況が変化する中で、今日の学校教育を対象化して検証し、未来に向けての教育を創出することはできません。

学校教育における授業の変化と共に、児童生徒の学習状況の評価も、時代の変化に合わせて大きく変わって来ています。

学校における学習評価は、1947（昭和24）年から行われてきた「集団に準拠した評価（相対評価）」から「目標に準拠した評価（いわゆる絶対評価）」に変わりました[1]。小学校と中学校では、平成10年告示の学習指導要領に対応して「目標に準拠した評価」が全面実施され、高等学校では、平成11年告示の学習指導要領に対応して学年進行で実施されています。「目標に準拠した評価」とは、学習指導要領に示されている「目標」と「内容」を評価規準とした学習評価です。一人一人の児童生徒が学校での授業を通して、学習指導要領に示されている資質・能力を、どのように身に付けたのかを評価するものです。

日本の学校教育において、2001（平成13）年以前の学習評価は、「集団に準拠した評価（相対評価）」で、学習の成果が集団の中のどこに位置付けられるかという序列をつける評価でした。集団の中の位置（序列）を示すために、平均点が用いられました。そこで行われていた学習評価は、5段階相対評価で、評定を5段階（小学校は、3段階）に分けて表していました。

「目標に準拠した評価」では、一人一人の児童生徒が、それぞれに資質・能力を身に付けたことを評価するため、集団の中での位置付けは、必要なくなりました。「目標に準拠した評価」では、学習指導要領に示されている内容を実現すると「おおむね満足できる」状況「B」とし、「B」を超えた様々な状況を、「十分満足できる」状況「A」とします。Aの状況は、一つではなく、多様な状況があります。さらに、「B」に届かない（学習指導要領に示された内容を実現しない）状況を「努力を要する」状況「C」とします。「努力を要する」状況「C」と判断した場合には、具体的な手立て等を通して、「おおむね満足できる」状況「B」となるように指導をすることが求められています。

「B」「A」「C」は、学習の実現状況を表すもので、児童生徒一人一人の学習の実現状況を「B」「A」「C」として示すことになります。したがって、評定においても、「A」「B」「C」は、学習評価の段階ではなく、学習の実現状況を示しています。

今日学校教育で行われている「目標に準拠した評価」は、観点別学習状況の評価として学校教育法第30条の2項に学力として示されている「知識及び技能」「思考力・判断力・表現力等」「主体的に学習に

---

[1] 学習評価に関しては、拙著『評価が変わる、授業を変える』（三省堂 2019年）を参照してください。

取り組む態度」の三つの観点を対象として学習評価が行われています。観点別学習状況の評価では、学習の目標と内容の実現状況を示すことで十分です。本来、それを評定として段階で示すことは「目標に準拠した評価」として必要は無く、意味がありません。

　但し、平成29・30年告示の学習指導要領を対象とする平成31年3月に出された文部科学省初等中等教育局長「指導要録の改善通知」では、評定を示すことを求めています。

　「目標に準拠した評価」は、5段階相対評価で行ってきた評価とは異なる評価です。にもかかわらず、これまでのように段階で示すことを求められることが少なくありません。教育の原体験を基に、学習評価が序列を付けることにあると、依然として多くの人に捉えられているのも事実です。

　「目標に準拠した評価」では、一人一人を対象とした評価を行うため、集団に準拠した評価で行っていた平均点を出すことには、意味がなくなったのです。しかし、依然として平均点を出すことを求める原体験に依拠した声が多くあります。2001（平成13）年から、人と比べての資質・能力の育成ではなく、個としての資質・能力の育成を図る教育観に転換したのです。にもかかわらず、戦後の学校教育で定位した5段階相対評価の考え方に多くの人が縛られています。「目標に準拠した評価」の導入後20余年を経ているにもかかわらず、未だに5段階相対評価を行うことが学習評価であるとの考え方が大勢であるというのが、学習評価を巡る実状です。

　また、昨今、学習評価を段階で行うルーブリックを用いて、評定が行われている状況があります。ルーブリックは、対象とする学習内容の具体的な内容の評価基準[2]を、段階として示す量的な学習評価です。オーストラリアの西オーストラリア州において、一つの評価方法として1990年代後半から大学進学のために用いられ、有効に機能したことから、日本でも注目されるようになりました。しかし、ルーブリックを用いた評価は、学習評価に段階を付けるための量的な評価であり、今日、日本の学校教育で行われている質的な評価としての「目標に準拠した評価」とは、趣旨の異なる学習評価であることに留意しなくてはなりません。いわゆる「成績を付ける」ということを行いやすいということもあるのだとは思いますが、それが量的な学習評価であることに気付かずに、ルーブリックによる学習評価を推奨する向きもあるようです。但し、ルーブリックは、量的な評価として、評価の目的と対象によっては有効な評価の方法になる場合もあります。

　2001（平成13）年に大きく転換した日本の学習評価は、20有余年を経ているにもかかわらず、未だにその趣旨が十分に行き渡っていないという状況があります。学習評価も教育の原体験に依拠し、学習評価は、成績としての段階を付けることと理解している向きがあります。ここに、日本の学校教育がなかなか変わらない典型を認めることができるのではないでしょうか。

　これまでの日本の学校教育、特に戦後の学校教育が良くなかったとか、間違っていたということを言いたい訳ではありません。私たちの身の回りも、大きく変化をしてきています。こうした時代の中で、教育が求める対象や内容が変わっていくことはある意味当然であり必然です。そこに気付かなければ、或いはそこを見ないようにしていては、未来を創ることはできないのではないでしょうか。

　では、どのような教育になれば、子どもたちの未来が創れるのでしょう。

　未来は、予測不可能です。だからといって、今日まで行われてきた知識の習得と習熟のみの教育では、未来は創れません。これまで行ってきた日本の学校教育の良さを継承しつつ、未来の様々な状況に応じることのできる教育に、転換することが重要となります。その最も大きな要因は、ICTにあるのかもしれません。生成AIが出現したことによる変化も、日を追うごとに顕著な形で認められるようになって

---

[2] 評価基準は、量的な評価。評価規準は、質的な評価。

きています。

　COVID-19が蔓延したこの3年間で、学校教育を取り巻く状況は大きく変わりました。文部科学省のGIGAスクール構想によって、日本の公立小学校、中学校では、児童生徒に一人一台のPCやタブレット端末が配布されました。今日、小学校と中学校と高等学校では、使い方は様々ですが、授業でPCやタブレット端末を使用することが、当たり前のように行われています。黒板と教科書のみを使用した授業から、大きく変わろうとしているのです。自分で文章を書くことがなくなる、ということは無いにしても、生成AIによって文章を作製する機会は今後ますます増えてくるかもしれません。

　教科書も、紙媒体のものだけではなく、デジタル教科書が2024（令和6）年度から、小学校5年生から中学校3年生を対象として「英語」、その次に「算数・数学」が段階的に導入される予定です。それによって、明治から続いて来た学校の授業も、大きく変わることが予想されます。

　学校教育における機器・機材の変化によって、教科書中心の授業にも、発想の転換が求められています。一斉授業として、同じ教材を同じ進度で取り扱う授業から、「個別最適な学び」と「協働的な学び」への転換も図られようとしています。一人一人の児童生徒が、PCやタブレット端末を用いて、それぞれの個性に合わせて学習を進めることも始まりました。

　しかし、だからといって、一人一人が自由にそれぞれのペースで学ぶことが全てではありません。これまでの日本の学校教育で行われてきた、教室の他の児童生徒と共に協働して学ぶことにも、学校教育の大きな役割があります。社会は、一人一人の個によって成り立っていますが、一人一人が切り離されていては、社会を構成することはできません。社会は、他者と関わり合う中で成立します。学校教育において協働で学ぶことの意味はそこにあります。

　OECDの「Learning Compass2030」（第1章 図1- B 本書p.17）に示された「緊張とジレンマの調和（Reconciling tensions & dilemmas）」は、将に、学校教育という集団の中での個との関わりが問われていると考えます。「新しい価値の創造（Creating new value）」や「責任ある行動（Taking responsibility）」も、学校教育という集団の中における他者との関わりとして問われています。

　学校の授業を通して育成する資質・能力は、これまで学校教育の中心として行われてきた教科等で育成する資質・能力のみではなく、教科等を超えた学びにおいて育成する資質・能力についても対象化される時代となってきています。典型は、小学校における生活科や総合的な学習の時間、中学校における総合的な学習の時間、高等学校における総合的な探究の時間や小学校、中学校、高等学校における「探究」の学習に認められます。ここに、今日の学力観を転換しなければならない理由があります。

　特に、「集団に準拠した評価」としての相対評価から「目標に準拠した評価」としての絶対評価への学習評価の転換は、学校教育を集団として行いつつも、その構成者としての一人一人の児童生徒の資質・能力の育成に焦点を当てることが重要であるということを強く表したものであり、そのためにはこれまでの学力観からの転換を図らなければならないというメッセージでもあるのです。また、Student agencyが問われている理由もそこにあります。

　日本の学校教育における学力観の転換は、グローバル化した現代社会の中で、これからの未来を生きる日本の子どもたち一人一人に対し、世界に通用する資質・能力の育成を図るために行われようとしているのです。今日の日本には、学校教育の在り方をパラダイムシフトしなくてはならない状況が出現しているのです。

2 「探究」という学び

(1) 高等学校教育と大学入学者選抜試験の転換

　日本の大学入学者選抜試験の方法の転換によって、これまで高等学校教育で行われてきた「教師を主語とした学校教育」から「生徒を主語とした学校教育」への転換が図られようとする兆しが見え始めています。コンテンツ・ベースの資質・能力を基にしたペーパーテストによる大学入学者選抜試験だけではなく、高等学校での学習を大学の入学者選抜にも生かす方向性が出てきているのです。

　大学入学者選抜の方法について、2017（平成29）年7月に出された「平成33年[3]度大学入学者選抜実施要項の見直しに係る予告」において、以下のように示されています。

> ○入試区分については、多面的・総合的な評価の観点からの改善を図りつつ、各々の入学者選抜としての特性をより明確にする観点から、次のように変更する。
> ・「一般入試」＜変更前＞ ⇒「一般選抜」＜変更後＞
> ・「ＡＯ入試」＜変更前＞ ⇒「総合型選抜」＜変更後＞
> ・「推薦入試」＜変更前＞ ⇒「学校推薦型選抜」＜変更後＞

　上記の「大学入学者選抜実施要項の見直し」により、大学入学者選抜の方向が大きく変わろうとしています。特に、これまでの「ＡＯ入試」が「総合型選抜」に変更されたことが、大学入学者選抜試験に大きな影響を与えることになりました。

　文部科学省高等教育局長「令和3年度大学入学者選抜実施要項について（通知）」（令和2年6月19日）では、大学入学者選抜試験の具体が以下のように示されました。

> 第3 入試方法
> 1　入学者の選抜は、調査書の内容、学力検査、小論文、「平成33年度大学入学者選抜実施要項の見直しに係る予告（平成29年7月）」（以下「見直しに係る予告」という。）で示した入学志願者本人の記載する資料等[*]により、入学志願者の能力・意欲・適性等を多面的・総合的に評価・判定する入試方法（以下「一般選抜」という。）による。
> 　＊入学志願者本人が記載する資料の他、エッセイ、面接、ディベート、集団討論、プレゼンテーション、各種大会や顕彰等の記録、総合的な学習の時間などにおける生徒の探究的な学習の成果等に関する資料やその面談等。
> 2　一般選抜のほか、各大学の判断により、入学定員の一部について、以下のような多様な入試方法を工夫することが望ましい。
> （1）総合型選抜
> 　　詳細な書類審査と時間をかけた丁寧な面接等を組み合わせることによって、入学志願者の能力・適性や学習に対する意欲、目的意識等を総合的に評価・判定する入試方法。
> 　　この方法による場合は、以下の点に留意する。
> ①　入学志願者自らの意志で出願できる公募制という性格に鑑み、「見直しに係る予告」

3　平成33年は2021年のことであり、実際には令和3年となっている。

で示した入学志願者本人の記載する資料*を積極的に活用する。

*入学志願者本人が記載する活動報告書、大学入学希望理由書及び学修計画書等。

② 総合型選抜の趣旨に鑑み、合否判定に当たっては、入学志願者の能力・意欲・適性等を多面的・総合的に評価・判定する。なお、高度な専門知識等が必要な職業分野に求められる人材養成を目的とする学部・学科等において、総合型選抜を実施する場合には、当該職業分野を目指すことに関する入学志願者の意欲・適性等を特に重視した評価・判定に留意する。

③ 大学教育を受けるために必要な知識・技能、思考力・判断力・表現力も適切に評価するため、調査書等の出願書類だけではなく、「見直しに係る予告」で示した評価方法等*又は大学入学共通テストのうち少なくともいずれか一つを必ず活用し、その旨を募集要項に記述する。

*例えば、小論文等、プレゼンテーション、口頭試問、実技、各教科・科目に係るテスト、資格・検定試験の成績等。

(2) 学校推薦型選抜出身高等学校長の推薦に基づき、調査書を主な資料としつつ、以下の点に留意して評価・判定する入試方法。

① 大学教育を受けるために必要な知識・技能、思考力・判断力・表現力も適切に評価するため、高等学校の学習成績の状況など調査書・推薦書等の出願書類だけではなく、「見直しに係る予告」で示した評価方法等又は大学入学共通テストのうち少なくともいずれか一つを必ず活用し、その旨を募集要項に記述する。

② 推薦書の中に、入学志願者本人の学習歴や活動歴を踏まえた第1に示す三つの要素に関する評価や、生徒の努力を要する点などその後の指導において特に配慮を要するものがあればその内容について記載を求める。

「総合型選抜」や「学校推薦型選抜」においては、「探究」の学びが機能します。受験する生徒が目的意識を明確にして、大学で「何を学ぶか」「どのように学ぶか」「何ができるようになるか」を判断するために、高校時代の学びへの取り組みを問うようになってきました。

第四層の「読解力」では、Input の前に、Search（調べる、探し出す、記憶をたどる、検索する）や Research（調査する）が問われ、「Search・Research→Input→Intake→Output」のプロセスが求められます。第四層の「読解力」では、Search や Research によって、Input の対象化を図ることが必要となるのです。Input では、情報を受信したり取り出したり探し出したりするだけではなく、Search や Research によって自ら情報に関わり、自己のコンテクストを基に学びを対象化して、課題を見つけたり問題を発見したりするという学習者の主体的な学びの創出が求められます。そこに、「探究」としての課題発見や問題発見が深く関わります。

Intake では、Input した課題や問題を深めたり広げたりすることで、必要な情報を摂取し、解釈を通して、思考したり理解することを行います。そこでは、一人一人の個のコンテクストに基づいた思考や理解を通して、判断したことを行動として表出することが重要となります。思考と理解は行動によって Output されることになりますが、思考や理解と行動とが往還する中で、Intake にも広がりや深まりが生まれます。

「Input→Intake」の過程を通し、Output として表出することは、「探究」した内容をまとめて自己を

表現することになります。自己を表現することは、表現を通して自己とは何か、ということを自らに問いかけることにもなります。それは、自分の書いた文章のメタ認知を通して自らの思考を深めたり、自己変革を図ったりすることにもなります。

「Input→Intake→Output」のプロセスにおいて、メタ認知による自己認識を通して自己の相対化を図ることは、自制心、自己効力感、責任、問題解決、適応能力という自己調整を図ることのできる資質・能力の育成を図ることに繋がります。

第四層の「読解力」により、生徒自らが課題を設定し、その解決に向けて計画を立て、自ら課題を解決する学びを行うことは、「探究」としての学びになります。

大学入学者の選抜は、ペーパーテスト等による一般選抜だけではなく、「総合型選抜」や「学校推薦型選抜」によって、大学で学びたいこと、やりたいことを、自分のことばで表現することが求められる時代となってきました。

これまでの学校教育で主として行われてきたような、「教師を主語とした学校教育」（教師が教えるという授業）による学びではなく、学習者自身が問いを立て、気づきや目的意識を学びとして統合し、その解決を図る学びを形成することが「探究」です。「探究」としての学びでは、メタ認知による自己認識を通して、自己相対化を図ることが重要となります。「生徒を主語とした」「Search・Research→Input→Intake→Output」のプロセスでの学びが、「探究」としての学びの充実につながります。

令和5年2月に公表された「大学入学者選抜の実態把握及び分析等に関する調査報告書」[4]によると、2020年度大学入試全体における「一般選抜」が52.2%であったのに対し、2022年度には49.7%と、2.5%減少しています。それに対し、「総合型選抜」は2020年度が13.4%であったのに対し、2022年度には19.3%となっており、わずか2年間で5.9%も増加していることが分かりました。（図6－A参照）

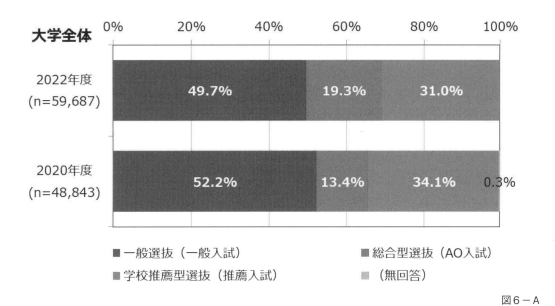

図6－A

---

4 株式会社リベルタス・コンサルティング「大学入学者選抜の実態把握及び分析等に関する調査報告書」（令和5年2月）。図6－Aも同報告書による。

さらに同調査の詳細によれば、国立大学の「総合型選抜」は2020年に15.6％であったものが、19.1％と3.5％増加しています。また、私立大学では2020年度は52.0％であった「一般選抜」が、2022年度では48.8％と3.2％減少した一方で、「総合型選抜」は、2020年度は13.4％であったものが2022年度には19.7％と6.3％の増加となっています。

　これらを見ると、大学が高等学校の教育に求めるものが、これまでペーパーテストによって測定していたような知識の習得量と再生の正確性といったところから変化してきているのが分かります。先にも述べましたが、大学で「何を学ぶか」「どのように学ぶか」「何ができるようになるか」を判断するために、高等学校における学習の取り組みを問うようになってきていることもあって、高等学校教育の内容が「何を学ぶか」「どのように学ぶか」「何ができるようになるか」という観点からの学びに変わろうとしているのです。

　最近では、「総合型選抜」や「学校推薦型選抜」によって入学した学生は、入学後の学ぶことへの目的意識や意欲、取り組みに対する姿勢が、「一般選抜」で入学した学生に比べて優れているという結果が多くの大学で認められるようになってきています。特に、「総合型選抜」で入学した学生は、大学で何を学ぶかという目的意識を持って入学をしてくるために、学習意欲も高く、大学入学後も継続した学習意欲を維持しており、大学における成績としてのGPA[5]（Grade Point Average）も高い結果となっている傾向にあります。

　そのことにより、近年、「一般選抜」よりも「総合型選抜」や「学校推薦型選抜」による大学入学者定員を増やす傾向が現れています。

　この傾向は、高等学校教育へも大きな影響を与え始めました。

　「探究」の授業は、京都市立堀川高等学校が1999（平成11）年から「探究」の授業を取り入れたところ、生徒が主体的な学習意欲を身に付け、大学への進学実績が大幅に上がったことから、注目されるようになりました。それにより、近年、授業において「探究」の時間を設定する学校が全国的に増えてきています。さらに、「探究」を取り入れた学習を行う高等学校が大学合格者の実績に成果を上げていることによって、学科名においても「探究科」や「探究コース」を設置する高等学校が増えています。

　これらのことと相まって、2018（平成30）年告示の高等学校学習指導要領では、「古典探究」「日本史探究」「世界史探究」「理数探究基礎」「理数探究」と「探究」と名のつく科目が五つ設定され、さらに「総合的な探究の時間」も設定されました。

　「総合的な探究の時間」については、全ての生徒に履修させるものとし、高等学校在学中に履修すべき単位数を各教科・科目の単位数並びに総合的な探究の時間の単位数を含めて74単位以上とする中で、特に必要がある場合には、その単位数を2単位とすることができることが示されています。

　高等学校学習指導要領に示されている「総合的な探究の時間」の目標は、次のように示されています。

　　第1　目標
　　　探究の見方・考え方を働かせ、横断的・総合的な学習を行うことを通して、自己の在り方生き方を考えながら、よりよく課題を発見し解決していくための資質・能力を次のとおり育成することを目指す。
　　　(1) 探究の過程において、課題の発見と解決に必要な知識及び技能を身に付け、課題に関わる

---

[5] 大学で受講した各科目の成績の平均を数値で表した評価。GPAの数値が高いと、大学での学習で努力した成果として認められる。

　　　概念を形成し、探究の意義や価値を理解するようにする。〔知識及び技能〕
　　(2) 実社会や実生活と自己との関わりから問いを見いだし、自分で課題を立て、情報を集め、整理・
　　　分析して、まとめ・表現することができるようにする。〔思考力、判断力、表現力等〕
　　(3) 探究に主体的・協働的に取り組むとともに、互いのよさを生かしながら、新たな価値を創
　　　造し、よりよい社会を実現しようとする態度を養う。〔学びに向かう力、人間性等〕

　上記に示されている教科・科目としての「探究」や「総合的な探究の時間」では、これまでの教科・
科目等の学習では行えなかった「探究」という学びを、生徒一人一人がそれぞれの目的に沿って、行う
ことを目標としています。
　「探究」によって、高等学校の授業に、コンテンツ・ベースの資質・能力とコンピテンシー・ベース
の資質・能力の相補的かつ統合的な学習が機能した転換が起き始めているのです。
　さらに、高等学校入学者選抜試験でも、変化が起きています。
　長崎県では、令和7年度公立高等学校入学試験問題[6]について、2023（令和5）年12月に以下のこと
が公表されました。(太字下線は、引用者)

　　　検査問題は、基礎的・基本的な問題を中心に出題するが、単なる知識を問うものに 偏ることがな
　　　いように配慮し、思考力・判断力・表現力を検査できるような問題とする。なお、日常生活、社会
　　　問題などと関連した**探究的な学びの要素を取り入れた問題**を全体の2割程度含む。

　これからの時代、学校教育で育成すべき資質・能力として「探究」が重視される傾向が出てきています。
　この「探究」を重視する傾向は、大学や高等学校、中学校のみならず、小学校においても主として「生
活科」や「総合的な学習の時間」で顕著になっています。さらに、キャリア教育として、学年を越えた
継続的な学びを重視することが問われるようになってきています。

(2) 「探究」という学び

　「探究」には、こうしなければならない、という形式は特にありません。児童生徒一人一人が自分の
問題意識や課題意識に基づき、それぞれが工夫して考え、その解決を図ることに意味があります。「受
容」する学びから、「能動」としての学びに転換することであるとも言えるでしょう。それ故、第四層
の「読解力」では、第三層の「読解力」の「Input→Intake→Output」のプロセスを基に、学習主体
がSearch・Researchを行うことによって、能動的な学びを行うことが重要となります。
　「探究」を行うには、例えば「問題・課題設定→情報の収集→問題・課題の整理・分析→まとめ・表現」
といったプロセスが想定されます。この学びのプロセスには、第四層の「読解力」としての「Search・
Research→Input→Intake→Output」が機能します。
　「探究」では、単に知識の習得や再生という資質・能力のみを見るペーパーテストでは測ることので
きない、問題解決や課題解決に向けた一人一人の学びのプロセスにおける思考力・判断力・表現力等の
資質・能力の育成を図ることが求められます。そこでは、一人一人の個性豊かな創意工夫やクリティカ

6　令和7年度長崎県公立高等学校入学者選抜制度については、以下のURLを参照してください。https://www.pref.
nagasaki.jp/bunrui/kanko-kyoiku-bunka/shochuko/koko-nyushi/r7/

ルな発想、創造的な思考力、批判的な思考力の育成が図られます。そして、一人一人の学びの違いを認め、それぞれが自分の考えや発想を基に問題や課題の解決を図り、さらに自分の考えに基づいて自己を表現するプロセスそのものが、「探究」となります。

　「探究」の学びにおいては、生成AIを用いて学びを行っても、一人一人の学びを形成することができません。「探究」の学びでは、一人一人が学びの主体として、「何を学ぶか」「どのように学ぶか」「何ができるようになるか」という学びの関わり方が問われるからです。「受容」として行われてきたこれまでの学校教育の在り方を、根本から見直す学び。「探究」の学びは、そうした学びになると考えます。

　一人一人の児童生徒が自分の未来に向けて「今ある自分」を見つめ直すことが「探究」のはじめの一歩です。「探究」は、授業を含め、学校教育の中のすべての活動の中に存在します。「探究」という活動を事新しく取り上げるまでもなく、今学んでいる教科の学習の中にも探求の課題や問題は存在します。児童生徒は、個人的な教師への質問や相談という形を通して、授業担当者としてだけではなく、教科の専門家としての教師との対話を通して、課題について考えを広げたり深めたりします。それは、児童生徒に教師が伴走する「協働的な学び」であり、それぞれの児童生徒は、こうした対話を通して、自分の持つ課題意識や問題意識を、対象化したり整理したりして、自覚することができるようになります。児童生徒が自分自身で「探究」の課題や問題を見つけたり追究したりすることができない場合には、教師の関わりが重要となります。教師の役割はあくまでカウンセラー・アドバイザーに徹し、児童生徒自らが課題や問題を見いだせるようにするために、時に「傾聴」することも求められます。

　「探究」では、児童生徒が自ら課題や問題を自分事として考え、それを自分自身で如何に解決を図るかという学び（とそのプロセス）自体が重要となります。

　近年、生徒が「探究」の課題や問題に取り組みやすくなるよう、学校が外部の企業等との連携を図り、企業見学をしたり講師派遣を受けたりして、「探究」の学びとする事例も認められるようになってきています。学外の企業等との連携は、生徒にとっては新鮮で、早く実社会について知るという意味でのメリットが感じられます。しかし、企業との関わりにおいて「探究」の課題や問題を見いだすことは、課題や問題を発見するきっかけにはなるものの、それが社会の限られた一部でしかないことにも留意する必要があるように思われます。「探究」の学びには、学校に通っている時期にしかできない「探究」の課題や問題を考えたり発見したりするということの意義もあるのではないでしょうか。

　特に、高等学校における「探究」には、多様な対象があることを知ることも大切だと考えます。繰り返しになりますが、高等学校では、2018（平成30）年告示の高等学校学習指導要領から、「古典探究」「日本史探究」「世界史探究」「理数探究基礎」「理数探究」と「探究」と名のつく科目が設定され、さらに「総合的な探究の時間」も設定されているのです。それぞれの教科として「探究」することも求められています。そのためには、教師一人一人がそれぞれの教科の専門性を生かして、生徒一人一人の「探究」の課題に真摯に向き合うことが重要となります。

　高等学校における「探究」として重要なのは、生徒が自ら課題や問題を見いだし、その解決を図ることだけではなく、「探究」を通して生徒自らが「未来を創る」視点を明確にしたり獲得したりすることです。そこには、「探究」をすることの活動に伴って、試行錯誤や失敗、挫折をも伴います。そこに、「探究」の学びの意味があるのではないでしょうか。これまでの正解のある答え合わせの授業とは異なる学びがそこにあります。

　一人一人の生徒にとっての「個別最適な学び」は、この「探究」の学びによって実現すると考えます。「探究」の学びは、児童生徒の未来への関わりとして重視されるべきであり、目の前の進学や進路のためだけにあるのではないことを、改めて確認しておきたいと思います。

　この「探究」は、「Learning Compass2030」（図1- B p.17）における Well-being と Student agency につながります。

　「探究」という学びは、高等学校のみならず、中学校や小学校での授業にも必要だと考えます。明治以降、日本の学校教育では、黒板や教科書を使い効率よく知識や技能を教える一斉授業が行われてきました。これまでにも何度も述べてきたように、コンテンツ・ベースの資質・能力を中心に授業が行われてきたのです。

　これまで、入学者選抜試験のペーパーテストで良い成績を取るには、知識の習得と再生の正確性が求められてきました。しかし、今日、コンテンツ・ベースの資質・能力と共に、コンピテンシー・ベースの資質・能力を相補的かつ統合的に育成することが求められています。ここまでに何度も述べてきているように、学校教育で育成すべき資質・能力が時代に合わせて大きく変わらざるを得ない状況が生まれているのです。

　こうした時代状況の変化の中で、学校教育が機能するためには、学校自体が、時代が求め必要とする資質・能力の育成を目指さなければなりません。「教師を主語とした学校教育」（教師が教えるという授業）からの転換が求められているのは、そのためなのです。黒板を使って教師が説明し、児童生徒はそれを理解するという一斉授業は過去のものになりつつあります。

　先にも述べましたが、「探究」の学びでは、教師は一人一人の児童生徒に寄り添い、対話を通して児童生徒の考えを引き出し、整理することが重要となります。「探究」における児童生徒の課題や問題の整理は、児童生徒が躓いたことや分からなかったことを通して理解する自覚のプロセスそのものを対象とします。こうした授業においては、教師は教授者から、アドバイザー、カウンセラー、コーディネーター、ナビゲーター、ファシリテーターとしての役割を果たす存在へと変わらなければなりません。

　さらに、教師だけが授業計画を理解しているのではなく、児童生徒が授業の見通しとして「何を学ぶか」「どのように学ぶか」「何ができるようになるか」を理解した上で授業に臨むことが求められるようになってきています。単元や授業で行う内容を「学びのプラン」として、単元や授業の初めの時間にあらかじめ示すことが必要だというのはそのためです。

　「児童生徒を主語とした授業」では、4Cと言われる資質・能力、すなわちCommunication（コミュニケーション）、Critical thinking（批判的思考、吟味・評価し熟考する）、Collaboration（共働、協同、協力）、Creativity（創造力、創造性）の育成を図ることが目標となります。これらの資質・能力は、教師が教えて分からせるというようなものではなく、児童生徒が自覚することによって身につく資質・能力です。したがって、「児童生徒を主語とした授業」によってしか育成することはできないと考えます。「探究」の授業の趣旨は、そこにあります。

　繰り返しになりますが、「探究」の授業は、高等学校のみで行うのではなく、中学校や小学校において、児童生徒のキャリア形成の発達に合わせて系統的かつ継続的に行うことに意味があると考えます。生活科や総合的な学習の時間はもとより、各教科等の授業においても「探究」の授業を行うことは可能です。これまで当たり前とされてきた学校教育の在り方や授業に対する、教師の授業改革への意志と発想の転換が求められます。

　そして、高等学校や中学校においても、「（入試があるから、）授業が変えられない」ではなく、一人一人の児童生徒に「（入試にも通用する）資質・能力の育成を図る授業を行う」ことが、今、教師には求められているのです。

　「探究」では、一人一人の児童生徒が、目的意識を持って「何を学んだか」「どのように学んだか」「何ができるようになったか」という、コンテンツ・ベースの資質・能力とコンピテンシー・ベースの

資質・能力とを、相補的かつ統合的に自分自身で「Input→Intake→Output」を行う「読解力」（Reading Literacy）が機能します。そして、そこに、「児童生徒が主語」としての学びが成立することになります。

先にも述べましたが、「探究」では、Search・Researchを通した「Input→Intake→Output」の第四層の「読解力」（Reading Literacy）が意味を持ちます。一人一人の児童生徒が、Search（調べる、探し出す、記憶をたどる、検索する）やResearch（調査する）を行うことで、学習者自らが課題や問題を設定する。そして、その解決に向けて「Input→Intake→Output」を通して、多面的・多角的な思考や判断を行い、それを他者に分かるように表現する。この学びのプロセスそのものが重要となるのです。

今日、教育を通して未来を創るために、「教師を主語とした学校教育」から、「児童生徒を主語とした学校教育」への質的な転換が図られなくてはならない時代を迎えているのです。そのような学校教育の転換に当たって、学校での学びの中核に「探究」が機能します。

（3）「探究」の学びが意味するもの

中学校、高等学校、大学の受験において、偏差値による進路決定を図ることが、今日でも行われています。偏差値とは、平均点を偏差値50となる基準として設定し、平均からどのくらいの差があるかを表した数値で、集団中での位置づけを図ることにより他との比較を行うためのものです。昭和30年代後半、東京都の中学校の教師が高等学校への進学指導のために編みだしたものです。

偏差値を用いた志望校の選定は、「入りたい学校」ではなく「入れる学校」を選ぶことであり、進学先の教育内容や生徒との相性よりも、合格できるか否かを優先した選定、合格することが目的となった選定になっているのではないでしょうか。

偏差値は、ペーパーテストの点数に基づく数値であり、学びにおける知識の習得と正確な再生とを求めた結果です。今日、Society5.0の時代となり、知識の習得と正確な再生は、ICTによって行うことが可能な時代となりました。学力観そのものが大きく変わろうとしているのです。2017・2018（平成29・30）年告示の学習指導要領では、「学力」という用語ではなく、「資質・能力」を用いています。

次代に必要とされる資質・能力は、コンテンツ・ベースの資質・能力とコンピテンシー・ベースの資質・能力の両方であり、その相補的かつ統合的な育成を図ることが、今日の学校教育には求められています。小学校、中学校、高等学校において育成すべき資質・能力の関連や系統性を示すものとして、既に学習指導要領に示されている内容があります。このことを自覚的に一人一人の児童生徒が行うことを通し、学習の連続性と共に共通性の理解にもつながります。

そこに「探究」の学びが機能します。そこでは、Student Agencyとして、自分自身で目標を設定し、自分で学習の見通しを持ち、行動し、振り返るという循環を確立しつつ継続して学び、自らの考えを改善し、責任ある行動をとる能力を発揮することが求められます。

「探究」の学びでは、児童生徒が、「探究」の過程でメタ認知を通して相対化された自己を認識し、自らの未来を自己決定するプロセスが問われると同時に、その学び自体の広がりや深まりを図ることが重要になります。学びの結果として身に付いた資質・能力だけではなく、小学校から中学校、そして高等学校、さらに大学での学びにつながる資質・能力の形成過程を育成の対象としています。

「探究」では、小学校、中学校、高等学校における資質・能力の育成として、継続的かつ系統的な学びが求められます。「探究」は、学校教育全体を通して、それぞれの発達段階を通して、一人一人の児童生徒が、能動的(Active)に身に付けるべき資質・能力でもあります。

学校教育全体を通して継続的且つ系統的に行われるべきものとして、「キャリア教育」にも注目が集まっ

ています。「キャリア教育」は、一人一人の個に合わせた資質・能力を図る教育であると言えましょう。

　「キャリア教育」という用語は、1999（平成11）年12月の中央教育審議会答申「初等中等教育と高等教育との接続の改善について」で初めて使われました。そして、2011（平成23）年1月31に出された、中央教育審議会「今後の学校におけるキャリア教育・職業教育の在り方について（答申）」において、次のように定義されています。

> 一人一人の社会的・職業的自立に向け、必要な基盤となる能力や態度を育てることを通して、キャリア発達を促す教育

　学習指導要領では、2008（平成20）年・2009（平成21）年改訂から取り上げられ、2017（平成29)年・2018（平成30）年の改訂においても継続して取り上げられています。

　キャリア教育の意義については、「キャリア教育が求められる背景とその基本的な考え方」（「キャリア教育の推進に関する総合的調査研究協力者会議報告書」（2004（平成16）年1月）で、以下のように示されています。

> ○ キャリア教育は，一人一人のキャリア発達や個としての自立を促す視点から、従来の教育の在り方を幅広く見直し、改革していくための理念と方向性を示すもの
> ○ キャリア教育は、キャリアが子どもたちの発達段階やその発達課題の達成と深くかかわりながら段階を追って発達していくことを踏まえ、子どもたちの全人的な成長・発達を促す視点に立った取組を積極的に進めること

　キャリア教育推進に当たっての具体に、一人一人の児童生徒の「キャリア・パスポート」の作成があります。

　文部科学省は、「キャリア・パスポート」例示資料等について、次のように示しています。（https://www.mext.go.jp/a_menu/shotou/career/detail/1419917.htm）

> 新学習指導要領[7]の特別活動においては、「学校、家庭及び地域における学習や生活の見通しを立て、学んだことを振り返りながら、新たな学習や生活への意欲につなげたり、将来の生き方を考えたりする活動を行う」際に、児童生徒が「活動を記録し蓄積する教材等を活用すること」とされたところです。

　「キャリア・パスポート（例示資料）高等学校（生徒用）」の中で、文部科学省は、「高校生のみなさんへ」と題し、次のような資料を例示しています（このキャリア・パスポートの具体の例示資料は、小学校と中学校を対象にしたものも示されています）。

> ≪高校生活でさらに伸ばしてほしい能力≫
> 【人間関係形成・社会形成能力】
> 　多様な他者の考えや立場を理解し、相手の意見を聴いて自分の考えを正確に伝えることができ

7　平成29・30年告示の学習指導要領

るとともに、自分の置かれている状況を受け止め、役割を果たしつつ他者と協力・協働して社会に参画し、今後の社会を積極的に形成することができる力

【自己理解・自己管理能力】

　自分が「できること」「意義を感じること」「したいこと」について、社会と相互関係を保ちつつ、今後の自分自身の可能性を含めた肯定的な理解に基づき主体的に行動すると同時に、自らの感情を律し、かつ、今後の成長のために進んで学ぼうとする力

【課題対応能力】

　仕事をする上での様々な課題を発見・分析し、適切な計画を立ててその課題を処理し、解決することができる能力

【キャリアプランニング能力】

　「働くこと」を担う意義を理解し、自らが果たすべき様々な立場や役割との関連を踏まえて「働くこと」を位置付け、多様な生き方に関する様々な情報を適切に取捨選択・活用しながら、自ら主体的に判断してキャリアを形成していく力

　キャリア教育では、進学・進路という目前の目的のみを対象とするのではなく、児童生徒一人一人の成長過程におけるキャリア形成そのものを対象としています。大学入試がこれまでのペーパーテストを主とした一般選抜から総合型選抜や学校推薦型選抜への転換を図ろうとしているのも、一人一人の児童生徒の成長過程における学びの文脈で身に付けた資質・能力を重視しようとしているからに他なりません。

　先に触れた「キャリア・パスポート（例示資料）」では、「総合的な学習（探究）の時間」（課題研究等）について、次のような事例が示されています。

【事前】

・「探究」テーマ（「課題研究」テーマ）

・テーマ選定の理由

・取組を通じて特にどんな力を伸ばしたいか　＜理由＞

【事後】

・探究した内容の概要

　（取組の流れや取組を通じて新たにわかったこと　など）

・取組の過程で感じたこと・考えたこと

　（うまくいったことやそのときの気持ち、失敗したことやそこから学んだこと　など）

・取組を通じてどんな力が伸ばせたか

　（成長したところ）

・探究活動の結果、新たに生まれた疑問や探究テーマ等

　「探究」の学びにおいては、テーマ設定において第四層の「読解力」としてのSearch（調べる、探し出す、記憶をたどる、検索する）やResearch（調査する）が問われます。さらに、一人一人の児童生徒が自分なりに行った「Search・Research」を基に、「読解力」（Reading Literacy）としての「Input→Intake→Output」の各プロセスを、それぞれのコンテクストに従って広めたり深めたりすることが「探究」の学びには求められます。

　一人一人の児童生徒の「探究」の学びに「読解力」（Reading Literacy）が機能するのです。

3 | 授業の在り方のパラダイムシフト

　これからの時代、日常生活はもとより、学校教育における日々の授業においてもICTを用いることが多くなると考えます。単に知識を覚え、それを再生するだけの授業は、早晩必要がなくなるでしょう。ICTを使用すれば、知識の習得は、（再生することを別にすれば、）今よりも容易にできるようになります。また、生成AIを用いれば、（表面的には、）自分で考えることなく文章を作成することができるようになってきています。生成AIのチャット機能を用いれば、質問に対して複数の回答を得ることはできます。しかし、その回答の中から何が適切であるか、何を用いるかの判断は、人が行わなければなりません。それ故、繰り返しになりますが、授業では4Cと言われるCommunication（コミュニケーション）、Critical thinking（批判的思考、吟味・評価し熟考する）、Collaboration（共働、協同、協力）、Creativity（創造力、創造性）の資質・能力の育成を図ることが求められているのです。

　ものを考えたり、新たなものを創出したりすることを、ICTのみで行うことは難しいと言わざるを得ません。しかし、これからの時代、ICTを用いずに行うこともできません。ICTを用い、さらにこれからの時代が求める資質・能力の育成を図るには、これまでの日本の学校教育で行われてきた授業からのパラダイムシフトを図らなければなりません。日々行われている授業を再構築すること、すなわち、「教師が主語」の授業から、「児童生徒が主語」の授業への転換が必要となります。

　これからの時代に必要な資質・能力を育成するための授業では、本書でこれまで述べてきた「読解力」（Reading Literacy）が重要となります。「読解力」（Reading Literacy）は、Input（受容）した内容のみが問われるのではなく、「Input→Intake」のプロセスを経たOutput（表出）の内容と質とが問われるのです。単に「読解＝読み解く」というレベルで捉えるのではなく、Input、Intake、Outputのそれぞれのレベルと、「Input→Intake→Output」というプロセスが有機的に機能することによって、授業を通した資質・能力としての「読解力」（Reading Literacy）の育成が図れます。さらに、児童生徒が自ら主体的に学ぶためには、Search・Researchを基にした「Input→Intake→Output」のプロセスも重要となります。

　「読解力」（Reading Literacy）の育成は、コンテンツ・ベースの資質・能力とコンピテンシー・ベースの資質・能力の育成を相補的かつ統合的に図ることになります。そこで、「読解力」としてこれまで受け止められてきたものの意味を再検討する必要があります。第一層の「読解力」のみではなく、第二層、第三層、第四層の「読解力」の違いを認識した上で、それぞれの「読解力」の特徴を使い分けた、「読解力」（Reading Literacy）の育成を図ることが求められるのです。

　「読解力」は、これまで、国語の資質・能力とされてきました。

　しかし、「Input→Intake→Output」のプロセスを対象とした資質・能力を対象とする「読解力」（Reading Literacy）は、国語のみならず、全ての学びにおいて必要な資質・能力です。また、学校教育のみならず、社会一般においても必要な学びのプロセスでもあります。「読解力」（Reading Literacy）は、社会生活に必要な、ひらかれた学びのプロセスであるとも言えましょう。

　学校教育においては、今日学習したことがすぐに身に付くというような類いの資質・能力もありますが、すぐには身に付けることができない資質・能力もあります。育成に時間が掛かる資質・能力もあれば、敢えて時間を掛けて育成するのが良い資質・能力もあろうかと思います。人が育つには、長いスパンが必要であることは、言うまでもありません。「読解力」（Reading Literacy）も、一人一人異なる児童生徒

それぞれの発達にあわせて成長するものなのです。

　「読解力」（Reading Literacy）の育成には、時間がかかります。短期で育成の成果を求めるのは難しいと考えます。それ故、小学校、中学校、高等学校での様々な授業において「Input→Intake→Output」を繰り返し、第一層、第二層、第三層、第四層の「読解力」の育成を図ることが重要となります。そのためには、これまでの学校教育における授業の在り方を見直し「児童生徒が主語」となる授業に転換する必要が出てきています。

　学校教育で培われる「読解力」（Reading Literacy）は、長い年月や時間を掛けて育成する資質・能力でもあります。学校での授業において、育成の過程での「Input→Intake→Output」を繰り返し、少しずつ質を高め、深め、広げていくことによってこそ、児童生徒が成長した後、実社会、実生活において機能する資質・能力になると考えます。

　この、これからの時代に必要とされる資質・能力が「読解力」（Reading Literacy）です。これまでの「教師が主語」の授業から、「児童生徒が主語」の授業へのパラダイムシフトを図らなければ、その資質・能力の育成を図ることの実現はできないと考えます。

　そして、学校教育で、その育成を図る具体が「聴いて 考えて つなげる」授業なのです。

参考資料

1. 落書きに関する問題（PISA2000年調査問題）

落書き

　学校の壁の落書きに頭に来ています。壁から落書きを消して塗り直すのは、今度が4度目だからです。創造力という点では見上げたものだけれど、社会に余分な損失を負担させないで、自分を表現する方法を探すべきです。

　禁じられている場所に落書きするという、若い人たちの評価を落とすようなことを、なぜするのでしょう。プロの芸術家は、通りに絵をつるしたりなんかしないで、正式な場所に展示して、金銭的援助を求め、名声を獲得するのではないでしょうか。

　わたしの考えでは、建物やフェンス、公園のベンチは、それ自体がすでに芸術作品です。落書きでそうした建築物を台なしにするというのは、ほんとに悲しいことです。それだけではなくて、落書きという手段は、オゾン層を破壊します。そうした「芸術作品」は、そのたびに消されてしまうのに、この犯罪的な芸術家たちはなぜ落書きをして困らせるのか、本当に私は理解できません。

ヘルガ

　十人十色。人の好みなんてさまざまです。世の中はコミュニケーションと広告であふれています。企業のロゴ、お店の看板、通りに面した大きくて目ざわりなポスター。こういうのは許されるでしょうか。そう、大抵は許されます。では、落書きは許されますか。許せるという人もいれば、許せないという人もいます。

　落書きのための代金はだれが払うのでしょう。だれが最後に広告の代金を払うのでしょう。その通り、消費者です。

　看板を立てた人は、あなたに許可を求めましたか。求めていません。それでは、落書きをする人は許可を求めなければいけませんか。これは単に、コミュニケーションの問題ではないでしょうか。あなた自身の名前も、非行少年グループの名前も、通りで見かける大きな製作物も、一種のコミュニケーションではないかしら。

　数年前に店で見かけた、しま模様やチェックの柄の洋服はどうでしょう。それにスキーウェアも。そうした洋服の模様や色は、花模様が描かれたコンクリートの壁をそっくりそのまま真似たものです。そうした模様や色は受け入れられ、高く評価されているのに、それと同じスタイルの落書きが不愉快とみなされているなんて、笑ってしまいます。

　芸術多難の時代です。

ソフィア

出典：Mari Hankala.

　前ページの2通の手紙は、落書きについての手紙で、インターネットから送られてきたものです。落書きとは、壁など所かまわずに書かれる違法な絵や文章です。この手紙を読んで、問1〜4に答えてください。

落書きに関する問1

　この二つの手紙のそれぞれに共通する目的は、次のうちどれですか。

A　落書きとは何かを説明する。
B　落書きについて意見を述べる。
C　落書きの人気を説明する。
D　落書きを取り除くのにどれほどお金がかかるかを人びとに語る。

落書きに関する問2

　ソフィアが広告を引き合いに出している理由は何ですか。

....

....

落書きに関する問3

　あなたは、この2通の手紙のどちらに賛成しますか。片方あるいは両方の手紙の内容にふれながら、**自分なりの言葉**を使ってあなたの答えを説明してください。

....

....

....

落書きに関する問4

　手紙に**何が**書かれているか、内容について考えてみましょう。

　手紙がどのような**書き方**で書かれているか、スタイルについて考えてみましょう。

　どちらの手紙に賛成するかは別として、あなたの意見では、どちらの手紙がよい手紙だと思いますか。片方あるいは両方の手紙の**書き方**にふれながら、あなたの答えを説明してください。

....

....

....

2. ランニングシューズに関する問題(PISA2000年調査問題)

楽しく走れるランニングシューズ

　　フランスにあるリヨン・スポーツ医学研究所は、*14 年間にわたり、スポーツをしている青少年やプロスポーツ選手のけがについて研究してきました。研究の結果、けがをしない最もよい方法は予防することで、それには良いシューズをはくことという結論がでました。*

衝突、転倒、すり切れ...

　スポーツに親しんでいる8～12歳の子供のうち、18%がすでにかかとに損傷を抱えています。サッカー選手の足首の軟骨は衝撃に対してうまく反応せず、プロ選手の25%は特にそれが弱点であると自分でも気付いています。痛めやすいひざ関節の軟骨もまた、致命的な損傷を負う可能性があり、まさに少年時代（10～12 歳）から注意しないと、これが原因で早くから骨関節炎に苦しむ可能性があります。股関節（こかんせつ）も負傷と無縁ではなく、特に疲労している場合、転倒または衝突によって骨折する危険があります。

　この調査によれば、10 年以上プレーしてきたサッカー選手は、すねまたはかかとのいずれかの骨が突出しています。これが「サッカー足」

と言われているもので、くつ底と足首部分が柔らかすぎるシューズをはいていることに起因する変形です。

保護、サポート、安定、吸収

　シューズがかたすぎると、動きを制限されます。また柔らかすぎると、けがやねんざの危険が増大します。良いスポーツシューズとは、次の四つの基準を満たしていなければなりません。

　第1に、*外部からの保護*、つまりボールや他の選手との衝突から保護し、グランドのでこぼこに対処し、こごえるような寒い日や雨の日でも足を暖かく、乾いたままに保たなければなりません。

　次に、*足*、特に足首の関節を*サポート*して、ねんざ、はれその他の問題の発生を防ぐこと。これはひざにまで悪影響を及ぼしかねないからです。

　また、選手にとって十分な*安定性があり*、ぬれたグランドでスリップしたり、カラカラに乾燥した地面ですべることがあってはなりません。

　最後に、特にバレーボールやバスケットボールの選手は、常にジャンプをしてるので、強い衝撃を受けています。*衝撃を吸収*しなければなりません。

足の乾燥

　足の豆、さらにはひび割れや水虫（菌性感染）などの小さいけれどもつらい症状を予防するため、シューズは、汗を発散させ、外部の湿気が浸入するのを防がなければなりません。これに最適な素材は皮です。皮は防水加工をすれば、雨にぬれた時にシューズに水がしみ込むのを降りはじめなら防ぐことができます。

出典：Revue ID (16) 1-15 June 1997.

前ページの課題文を読んで、問1〜4に答えてください。

ランニングシューズに関する問1

筆者がこの文章で言おうとしているのは次のうちどれですか。

A　多くのスポーツシューズの品質が大きく向上したこと
B　12歳以下の場合は、サッカーをしないのが一番良いこと
C　若者が、身体能力が低いためにますますけがに悩むようになっていること
D　若いスポーツ選手にとって、良いスポーツシューズの着用が非常に大切であること

ランニングシューズに関する問2

課題文によれば、スポーツシューズがかたすぎるといけない理由は何ですか。

....

ランニングシューズに関する問3

課題文の一部に「良いスポーツシューズとは、次の四つの基準を満たしていなければなりません」と書いてあります。

これらの基準を記してください。

....

....

....

ランニングシューズに関する問4

課題文の終わり近くにある、次の文を見てください。ここでは以下のように二つに分けて示します。

「足の豆、さらにはひび割れや水虫（菌性感染）などの小さいけ　　*(第1部分)*
れどもつらい症状を予防するため、…」

「…シューズは、汗を発散させ、外部の湿気が浸入するのを防が　　*(第2部分)*
なければなりません。」

この文で第1部分と第2部分は、次のうちどのような関係にありますか。

第2部分は、

A　第1部分と矛盾している。
B　第1部分を繰り返している。
C　第1部分でとり上げた問題を例示している。
D　第1部分でとり上げた問題の解決策を示している。

3. 携帯電話の安全性に関する問題（PISA2009年調査問題）

携帯電話の安全性

携帯電話は危険ですか？

はい	いいえ
1. 携帯電話が発する電磁波は、体の組織を発熱させ、悪影響を与えます。	電磁波は、体を発熱させて悪影響を与えるほど強くありません。
2. 携帯電話がつくりだす磁場は、体の細胞の活動に影響を与えます。	磁場はとても弱いので、体の細胞に影響を与えることはまず考えられません。
3. 携帯電話で長電話をすると、だるさや、頭痛や、集中力の低下を感じることがあります。	そのような影響は実験では見られません。現代の生活スタイルの中に、何かほかの原因があるのでしょう。
4. 携帯電話を使っていると、電話を当てる耳の側に、がんが2.5倍もできやすくなります。	研究者によれば、がんができやすくなることが、携帯電話を使うことと関係があるかどうかは明らかではないそうです。
5. 国際がん研究機関は、小児がんと高圧線に関係があることを発見しました。高圧線は、携帯電話と同じように、電磁波を発しています。	高圧線の発する電磁波は違う種類のものであり、携帯電話が発する電磁波より、かなり強いエネルギーを持っています。
6. 携帯電話が発するものと同じ高周波の電波によって、線虫の遺伝子の発現に変化が生じました。	線虫は人間ではありません。だから、人間の脳細胞が同じように反応するとはかぎりません。

> **キーポイント**
>
> *携帯電話の健康に対する影響について、相反する結論を述べた報告書が、1990年代後半に発表されました。*

> **キーポイント**
>
> *携帯電話の影響を調査するため、これまで多額の科学研究費が投入されてきました。*

携帯電話を使うときは…

キーポイント

携帯電話の利用者数の多さを考えると、健康への影響がごく小さいことであっても、大きな社会問題になる可能性があります。

キーポイント

2000 年のスチュワート報告（英国の報告書）によれば、携帯電話による健康被害は確認されていないとのことですが、さらに調査が行われるまでは、特に若者の携帯電話の使用には注意を要するとしていました。2004 年に発表された報告書でも、同様の指摘がなされています。

こうしましょう	やめましょう
通話は短くすませましょう。	電波状態の悪いときは、携帯電話を使わないようにしましょう。基地局と通信するために強いパワーが必要になるので、携帯電話が出す電磁波も強くなります。
待ち受け時は、携帯電話を体から離して持ち歩きましょう。	ＳＡＲ値[1]が高い携帯電話を買うのはやめましょう。より強い電磁波を発します。
連続通話時間の長い携帯電話を買いましょう。効率がよく、電磁波がそれほど強くないからです。	ほかの機関が検査したものでなければ、電磁波を防ぐ器具を買うのはやめましょう。

[1] ＳＡＲ（比吸収率）値とは、携帯電話を使っているときに、体に吸収される電磁波の量をあらわします。

前の２ページの「携帯電話の安全性」は、あるウェブサイトから引用したものです。「携帯電話の安全性」を読んで、以下の問に答えてください。

携帯電話の安全性に関する問１

「**キーポイント**」は、どのような目的で書かれたものですか。

A　携帯電話を使うことの危険を説明するため
B　携帯電話の安全性についての議論が続いていることを示すため
C　携帯電話を使う人が守るべき注意点を説明するため
D　携帯電話による明らかな健康被害はないことを示すため

携帯電話の安全性に関する問２

「あることが、明らかにほかのことの原因になっているかどうかを証明するのは難しい」という意見があります。

上の意見は、「**携帯電話は危険ですか？**」という表の項目４に書かれている「**はい**」の主張、あるいは「**いいえ**」の主張とどのような関係がありますか。

A　「はい」の主張を支持しているが、その正しさを証明していない
B　「はい」の主張の正しさを証明している
C　「いいえ」の主張を支持しているが、その正しさを証明していない
D　「いいえ」の主張は正しくないことを証明している

携帯電話の安全性に関する問３

表の項目３の「**いいえ**」の主張を見てください。この主張のいう「何かほかの原因」として、どのようなものが考えられますか。原因として考えられることを一つあげ、そのように考えた理由も書いてください。

....

142

携帯電話の安全性に関する問4

　「携帯電話を使うときは…」という表を見てください。

この表は、次のうち、どの考えにもとづいてつくられたものですか。

A　携帯電話の使用に危険性はない
B　携帯電話の使用に危険性があることが証明されている
C　携帯電話の使用に危険性があるかどうかはわからないが、注意したほうがよい
D　携帯電話の使用に危険性があるかどうかはわからないので、はっきりとわかるまでは使わないほうがよい
E　「こうしましょう」は危険性について真剣に考えている人に対する指示で、「やめましょう」は、それ以外の人すべてに対する指示である

4. 在宅勤務に関する問題 （PISA2009年調査問題）

在宅勤務

未来のやりかた

　想像してみてください。コンピュータや電話などの情報ハイウェイを使って、あなたの仕事をすべて片付けられる「在宅勤務（テレコミューティング）[1]」という働き方があったらどんなに素晴らしいことか。もう、ぎゅうぎゅう詰めのバスや電車でもみくちゃにされながら、何時間もかけて通勤する必要はありません。あなたの好きな場所で仕事ができます。そしていつでも都合のよいときに仕事ができるようになるでしょう。新しい仕事のチャンスがどれだけできるか！

モリー

待ち受ける災難

　通勤時間を短くして、それに費やされるエネルギーを節約するというのは、たしかによいことです。　ですが、それは、公共交通機関をもっと便利にしたり、職場の近くに住むことができるようにしたりしてなしとげられるべきことです。だれもが在宅勤務する生活というのは野心的な考えではありますが、そうなったら、人々はますます自分のことだけしか考えなくなるでしょう。自分が社会の一員であるという感覚がますます失われてしまっても、本当にいいのでしょうか?

リチャード

[1]「在宅勤務（テレコミューティング）」とは、1970年代初めにジャック・ニルズがつくった言葉で、会社から離れた場所（たとえば家など）でコンピュータを使って仕事をし、電話回線を通じてデータや文書を会社に送るという勤務形態を表した言葉です。

　上の「在宅勤務」をよく読んで、以下の問に答えてください。

在宅勤務に関する問1

「未来のやりかた」と「待ち受ける災難」という二つの文章はどのような関係ですか。

A　違った根拠を用いて、同じ結論に至っている
B　同じ文体で書かれているが、まったく違った話題について論じている
C　同じ考えを述べているが、違った結論に至っている
D　同じ話題について、対立した考えを述べている

在宅勤務に関する問2

　在宅勤務するのが難しい種類の仕事を、一つあげてください。また、そのように考えた理由も説明してください。

　..

　..

　..

在宅勤務に関する問3

　モリーとリチャードの**両者**が同じ考えなのは、次のうち、どの点についてですか。

A　人々が働きたいだけの時間、働けるようにすべきである

B　人々にとって、通勤に時間がかかりすぎるのはよくない

C　在宅勤務は、だれにも向いているわけではない

D　人間関係をつくることは仕事のもっとも重要な部分である

5. ラパヌイ島（PISA2018年調査問題・コンピュータ使用型）

ラパヌイ島　はじめに

　「ラパヌイ島」には，「はじめに」が設けられており，読み終わったら ▶ をクリックして問いへ進む。

ラパヌイ島　問1

読解プロセス	情報を探し出す
出題形式	多肢選択
難易度	習熟度レベル4

問1の正答は、「九か月前」である。

ラパヌイ島　問2

読解プロセス	理解する
出題形式	自由記述
難易度	習熟度レベル 3

148

問 2 の採点基準は以下のとおりである。

コード	解答
ラパヌイ島に関する問 2 の採点基準	
正答	
1	（モアイ）像を運ぶために使われた道具が消えたことに言及している答え。 ・ モアイ像を運ぶために使われた植物や大木はどうなったのでしょう？[直接引用] ・ モアイ像を運ぶことができた大木が残っていないこと。 ・ 草，低木と数本の小さな木はあるが，巨大な像を動かすのに十分な大きさの木はない。 ・ 大木はどこでしょう？[最小限] ・ 植物はどこでしょう？[最小限] ・ 像を運ぶのに必要とされた資材はどうなったのかということ。 ・ 教授は周りを見渡しても大きな木や植物がないので，何がモアイを動かしたのかと述べている。教授はそれらに何が起きたのかについて不思議に思っている。[違う謎を述べるところから始めているが，正確な要素を含む答え]
誤答／無答	
0	無関係，曖昧，不十分，または不正確な答え。 ・ 何も残されていない。[不十分。答えにはモアイを動かした道具についての言及がなければならない] ・ モアイ（巨大な像）がどのように運ばれたのかという謎。[不正確。最初の謎について述べている] ・ どのように像が彫られたか。[不正確] ・ モアイを動かすために使われた植物や大木について述べている。[不十分。植物及び／または木が消滅していることについて，明示的または暗示的に言及していない答え]
9	無答

ラパヌイ島　問3

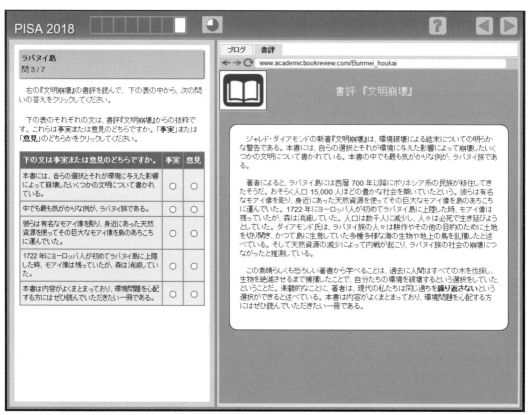

読解プロセス	評価し，熟考する
出題形式	複合的選択肢
難易度	習熟度レベル5

　問3の正答は，上から「事実」「意見」「事実」「事実」「意見」である。この問いで完全正答となるためには，生徒は五つ全ての問いに正答することが求められる。生徒が五つの内四つの問いに正答した場合は部分正答になり，正答が四つよりも少なかった場合は誤答となる。

ラパヌイ島　問4

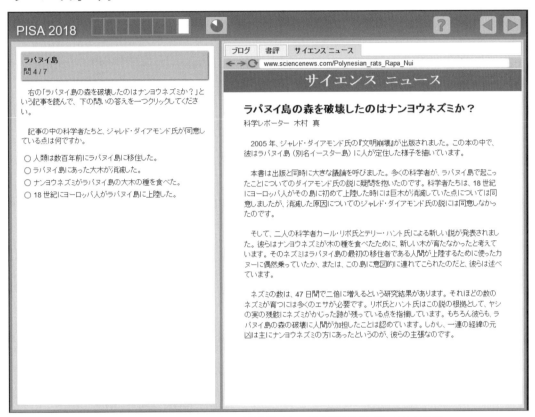

読解プロセス	情報を探し出す
出題形式	多肢選択
難易度	習熟度レベル5

ラパヌイ島　問5

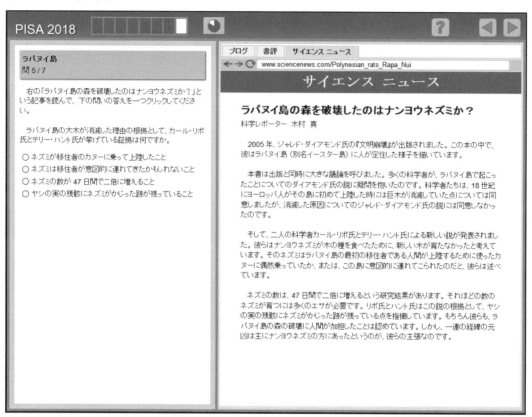

読解プロセス	評価し，熟考する
出題形式	多肢選択
難易度	習熟度レベル4

問5の正答は，「ヤシの実の残骸にネズミがかじった跡が残っていること」である。

ラパヌイ島　問6

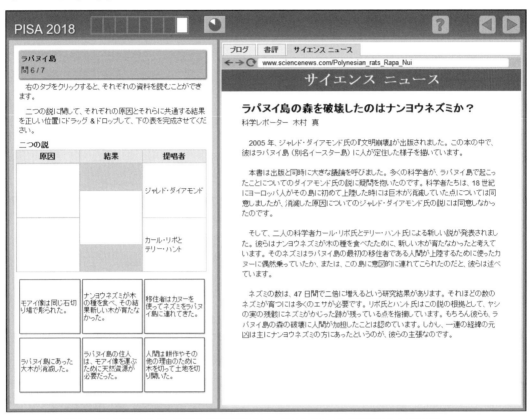

読解プロセス	理解する
出題形式	複合的選択肢
難易度	習熟度レベル 5

ラパヌイ島　問7

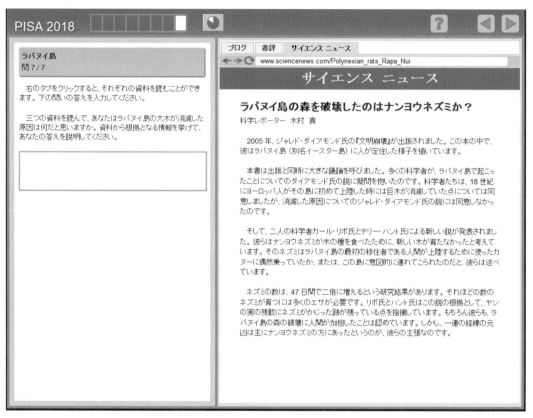

読解プロセス	評価し，熟考する
出題形式	自由記述
難易度	習熟度レベル 4

問7の採点基準は以下のとおりである。

<table>
<tr><td colspan="2" align="center">ラパヌイ島に関する問7の採点基準</td></tr>
<tr><td>コード</td><td>解答</td></tr>
<tr><td colspan="2">正答</td></tr>
<tr><td>1</td><td>次のうち，一つ以上を述べている。

1. 人々はモアイ像を動かすために大きな木を切り倒しまたは利用し，かつ/または耕作のために土地を切り開いた。
2. ネズミが木の種を食べたために新しい木が育たなかった。
3. 実際に巨木に何が起こったかについては，更に研究を進めなければ分からない。
- 私は，人々がモアイ像を動かすために多くの木を切りすぎたので，木が消滅したのだと思います。[1]
- 人々は農業のために土地を切り開いた。[1]
- 木はモアイを動かすために使われていた。[1]
- 人々は木を切り倒した。[1]
- 人々はモアイを移動したかったので，これは彼らの責任です。[1。木を切り倒すことを明示的に述べていないが，人々と（モアイを動かすために）木を切り倒したというひとつの理由とを述べているので許容できる答え]
- 人々の責任です。彼らは環境を破壊した。[1。木を切り倒すことを明示的に述べていないが，木を切り倒した結果を要約した許容できる答え]
- 私は，ネズミが木の種を食べたことが，恐らく最大の打撃を与えたのだと思います。[2]
- ネズミが種を食べた。[2]
- どの説が正しいかという証拠はないので，もっと情報が集まるまで待つ必要があります。[3]
- 両方とも。人々は耕作のために大きな木を切り倒し，そしてネズミが木の種を食べたのだ！[1と2]</td></tr>
<tr><td colspan="2">誤答／無答</td></tr>
<tr><td>0</td><td>無関係，曖昧，不十分，または不正確な答え。

- ネズミ[不十分]
- 木[不十分]
- モアイの移動。[曖昧]
- どちらも[不十分]
- ラパヌイ族は乱獲し，それが内戦の原因となって彼らの文明の崩壊につながった。[無関係]
- 木や根を食べたネズミの方が，大きな問題だ。[ネズミが食べたのは種なので不正確]
- 人々が破壊した。[曖昧]</td></tr>
<tr><td>9</td><td>無答</td></tr>
</table>

6. 学習指導要領の変遷

**昭和
33〜35年
改訂**

教育課程の基準としての性格の明確化
（道徳の時間の新設、基礎学力の充実、科学技術教育の向上等）
（系統的な学習を重視）

（実施）小学校：昭和36年度、中学校：昭和37年度、高等学校：昭和38年度（学年進行）

**昭和
43〜45年
改訂**

教育内容の一層の向上（「教育内容の現代化」）
（時代の進展に対応した教育内容の導入）
（算数における集合の導入等）

（実施）小学校：昭和46年度、中学校：昭和47年度、高等学校：昭和48年度（学年進行）

**昭和
52〜53年
改訂**

ゆとりある充実した学校生活の実現＝学習負担の適正化
（各教科等の目標・内容を中核的事項に絞る）

（実施）小学校：昭和55年度、中学校：昭和56年度、高等学校：昭和57年度（学年進行）

**平成
元年
改訂**

社会の変化に自ら対応できる心豊かな人間の育成
（生活科の新設、道徳教育の充実）

（実施）小学校：平成4年度、中学校：平成5年度、高等学校：平成6年度（学年進行）

**平成
10〜11年
改訂**

基礎・基本を確実に身に付けさせ、自ら学び自ら考える力などの「生きる力」の育成
（教育内容の厳選、「総合的な学習の時間」の新設）

（実施）小学校：平成14年度、中学校：平成14年度、高等学校：平成15年度（学年進行）

**平成15年
一部改正**

学習指導要領のねらいの一層の実現（例：学習指導要領に示していない内容を指導できることを明確化、個に応じた指導の例示に小学校の習熟度別指導や小・中学校の補充・発展学習を追加）

**平成
20〜21年
改訂**

「生きる力」の育成、基礎的・基本的な知識・技能の習得、思考力・判断力・表現力等の育成のバランス
（授業時数の増、指導内容の充実、小学校外国語活動の導入）

（実施）　小学校：平成23年度、中学校：平成24年度、高等学校：平成25年度（年次進行）
※小・中は平成21年度、高は平成22年度から先行実施

**平成27年
一部改正**

道徳の「特別の教科」化
「答えが一つではない課題に子供たちが道徳的に向き合い、考え、議論する」道徳教育への転換
（実施）小学校：平成30年度、中学校：令和元年度

**平成
29〜30年
改訂**

「生きる力」の育成を目指し資質・能力を三つの柱（※）で整理、社会に開かれた教育課程の実現
（※）「知識及び技能」、「思考力、判断力、表現力等」、「学びに向かう力、人間性等」
（「主体的・対話的で深い学び」（アクティブ・ラーニング）の視点からの授業改善、カリキュラム・マネジメントの推進、小学校外国語科の新設等）

（実施）　小学校：令和2年度、中学校：令和3年度、高等学校：令和4年度（年次進行）
※小・中は平成30年度、高は令和元年度から先行実施

<出典>【改訂版】学習指導要領の変遷
https://www.mext.go.jp/a_menu/shotou/new-cs/idea/1304360_002.pdf

おわりに

　私たちは、日頃、「読解力」という言葉をどのような意味で用いているでしょうか。

　「読解力」という用語が注目を集めるようになったのは、2000年に初めて実施されたOECDのPISAからと言えましょう。ただ、それ以前にも「読解力」は、国語における「文や文章を読み解き理解する（力）」という意味で、使われてきています。本来、PISAでは、Reading Literacyという語が用いられているのですが、それを日本では「読解力」としていることから、PISAのReading Literacyと、国語の「読解力」との違いについて、ほとんど意識することなく、今日まで使用されてきているという状況があります。

　PISAの読解力（Reading Literacy）の定義は、これからの時代が求める資質・能力として、時代の変化に伴い内容も少しずつ更新されてきています。そこには、「読解力」が一義的な意味に閉ざされない価値があると考えます。

　これからの日本の学校教育には、ペーパーテストで測定できる資質・能力だけではなく、コンテンツ・ベースの資質・能力とコンピテンシー・ベースの資質・能力の相補的かつ統合的な育成を図ることが求められています。その中核となる資質・能力として、「読解力」（Reading Literacy）があります。

　そこで本書では、「読解力」（Reading Literacy）の本義を明らかにすることを試みました。さらに、「読解力」（Reading Literacy）を学校教育で如何に育むか、その育成の具体についても提案しました。

　今日、日本の学校教育は大きく変わろうとしています。それは、日本だけの状況の変化ではなく、未来に関わる世界的な様々な状況の中で起こっている変化に関わってのものだと言えましょう。「教育は、未来を創る。」といわれていますが、未来に生きる子どもたちに必要な資質・能力の育成を図ることは、教育に課せられた大きな責務でもあります。

　次代を創出するには、これまでの教育において当たり前であったことに対する認識を改め、変革に向け、現状を再構築する必要があります。「読解力」（Reading Literacy）は、当たり前とされてきたこれまでの教育内容を転換する多くの可能性と方略を、その中に有していると考えます。それは、次代の学校教育に有用な、一人一人の児童生徒に求められる「探究」の学びの基盤となる資質・能力を育成するための教育を内包しているからでもあります。

　本書が、読者の皆様にとって、これからの日本の教育と子どもたちの未来を考える契機の一つとなれば幸いです。

　最後になりましたが、本書を上梓するに当たり、株式会社三省堂の髙橋正積さんには、第一番目の読者として、様々なアドバイスをいただきました。心より御礼申し上げます。

2023年12月28日　　髙木 展郎

髙木 展郎(たかぎ のぶお)

横浜国立大学名誉教授

1950年横浜市生まれ。国公立の中学校、高等学校教諭、福井大学、静岡大学、横浜国立大学を経て、現在に至る。専門は、教育方法学（学習評価、授業研究）、国語科教育学。中央教育審議会教育課程部会委員6期〜11期、現行の学習指導要領策定に関する中央教育審議会教育課程企画特別部会委員、同高等学校部会主査代理、言語部会主査代理、総則・評価特別部会委員等。

【主な著書】
『変わる学力、変える授業。』（三省堂2015年4月）
『評価が変わる、授業を変える』（三省堂 2019 年5月）
『高等学校国語　カリキュラム・マネジメントが機能する学習評価　「観点別学習状況の評価」を進めるために』（三省堂2021年12月）

「読解力」(Reading Literacy) の育成
「探究」の基盤となる資質・能力

2024年4月15日　第1刷発行

著者　　髙木展郎
発行者　株式会社 三省堂　代表者 瀧本多加志
印刷者　三省堂印刷株式会社
発行所　株式会社 三省堂
　　　　〒102－8371　東京都千代田区麹町五丁目7番地2
　　　　電話　(03) 3230-9411
　　　　https://www.sanseido.co.jp/

本書の内容に関するお問い合わせは、弊社ホームページの「お問い合わせ」フォーム
(https://www.sanseido.co.jp/support/) にて承ります。